増補改訂版

「日本語能力試験」対策

# 日本語総まとめ N3

NIHONGO SO-MATOME

佐々木仁子　松本紀子

# 文法
ぶんぽう

| 文法 | Grammar | 语法 | 문법 |

ask

## この本で使用しているマーク

| | |
|---|---|
| ! | 注意しましょう |
| ダメ | このような使い方はだめです |
| OK | このような使い方はいいです |
| れい | 例文以外のよく使われるフレーズ |
| 慣用句 | 慣用的な表現 |
| もっと! | このような使い方もあります |
| ☞ p. X | Xページを見てください |

This is a grammar drill book for:
- those who are seriously studying for the new JLPT Level N3,
- those who have completed the beginner's level and have started studying the intermediate level,
- those who wish to learn useful sentence patterns which are used in your daily life.

◆ The special features of this book ◆

- You will study grammatical items at the JLPT N3 level along with many commonly confused sentence patterns and conjunctive expressions,
- The words in the titles and the headlines are included in the exercises in each section. Therefore you will naturally learn the sentence patterns as you are repeatedly exposed to them,
- There is very little N3, or beyond N3 level vocabulary in this book, thus you will be able to improve your grammar without many difficulties, even if you have just finished the beginner's level,
- You can check the reading and pronunciation by listening to the audio of example sentences.
- The inclusion of a weekly test will enable you to regularly check your learning,
- The English, Chinese, and Korean translations will enable you to study alone.
- You can test your ability with the two JLPT practice exams.

Because words with subtle differences in meaning are not included in the N3 test, we hope you will learn the expressions by becoming familiar with them rather than memorizing them.

此书是专为以下学习者编著的语法学习书：
· 希望通过新“日语能力考试”N3 的人
· 初级已学完，开始学习中级的人
· 希望学习日常生活中常用句型的人

◆此书的特长◆

· 学习日语能力考试 N3 水平的语法条目（句型及接续方式），以及形式及接续相似的句型。
· 标题或题目中也包含了学习内容，可通过反复阅读自然地掌握句型。
· 注意尽量不用超出 N3 水平的词汇，让刚学完初级的人也能轻松地学习。
· 例句有音频，因此可以确认如何阅读和发音。
· 每周都附有一次测验题，课确认掌握程度。
· 附有英语、汉语、韩语的翻译，方便自学。
· 由于有两套模拟考试，可以以更接近实际考试的形式测试水平。
相似词语的微妙差异不在考试范围之内。
通过“反复练习”掌握这些表达方式吧。

이 책은,
· 신「일본어 능력시험」N 3 합격을 목표로하는 사람
· 초급을 끝내고 중급수준의 공부를 시작한 사람
· 일상생활에서 자주 사용되는 문형을 배우고 싶은 사람
을 위한 문법 학습서입니다.

◆이 책의 특징◆

· 일본어 능력시험 N 3 수준의 문법항목 (문형이나 접속표현) 을 형태나 접속이 비슷한 문형과 함께 학습합니다.
· 타이틀이나 표제에도 학습할 내용을 담고 있습니다. 반복해서 읽는 것으로 자연히 문형이 몸에 뱁니다.
· N 3 수준 이상의 어휘는 가능한 한 사용하지 않아 초급을 끝낸지 얼마 안된 사람이라도 무리없이 공부할 수 있도록 궁리했습니다.
· 예문의 음성을 들을 수 있으므로, 읽는 방법이나 발음도 확인할 수 있습니다
· 일주일에 1 회분, 테스트가 붙어 있어 이해도를 확인할수 있습니다.
· 영어 · 중국어 · 한국어의 번역이 붙어 있어 혼자서도 공부할수 있습니다.
· 모의 테스트가 2 회분 있으므로, 보다 실제 테스트에 가까운 형식으로로 실력을 확인할 수 있습니다.
의미가 비슷한 말의 미묘한 차이는 시험에서는 묻지 않습니다.
「배우기보다 익숙해 져라」는 말이 있듯이 표현을 몸에 배도록 합시다.

# はじめに

この本は

- ▶「日本語能力試験」N３合格を目指す人
- ▶初級が終わって中級レベルの勉強を始めた人
- ▶日常生活でよく使われる文型を学びたい人

のための文法学習書です。

## ◆この本の特長◆

- ・日本語能力試験 N3 レベルの文法項目（文型や接続表現）を、形や接続が似ている文型と一緒に学びます。
- ・タイトルや見出しにも学習する内容を取り入れています。繰り返し読むことで自然に文型が身につきます。
- ・N3 レベル以上の語彙はなるべく使わずに、初級が終わったばかりの人でも無理なく勉強できるよう工夫しています。
- ・例文の音声を聞くことができるので、読み方や発音も確認できます。
- ・１週間に１回分、テストがついているので、理解の確認ができます。
- ・英語・中国語・韓国語の訳がついているので一人でも勉強できます。
- ・模擬試験が２回分あるので、より実際のテストに近い形で確認ができます。

意味の似ている語の微妙な違いは試験では問われません。
「習うより慣れる」ことで表現を身につけていきましょう。

2022 年５月

佐々木仁子・松本紀子

# 目次


**「日本語能力試験」N3 について** ······························· 6
About the Japanese-Language Proficiency Test (JLPT) Level N3
关于的"日语能力考试" N3　「일본어 능력시험」N3 에 대해서

**この本の使い方** ························································ 8
How to use this book　本书的使用方法　이 책의 사용법

**接続の表示方法** ························································ 11
How connected phrases are displayed　接续表示法　접속 표시 방법

**第1週　がんばらなくちゃ！** ··································· 13
I have to stick at it!　必须努力！　열심히 하지 않으면 안된다！

1日目 ぼくにも**やらせて**　2日目 そこに置い**といて**　3日目 女**らしい**
4日目 できる**ようになった**！　5日目 言った**ように**
6日目 話を聞こ**うとしない**　7日目 復習＋敬語 / まとめの問題

**第2週　がんばってごらん！** ··································· 31
Give it a try!　努力试试！　열심히 해 보렴！

1日目 遊んで**ばかり**！　2日目 事故など**による**渋滞　3日目 あなたの**こと**
4日目 省エネ**というのは**…　5日目 美人**というより**
6日目 食べて**ごらん**　7日目 復習＋敬語 / まとめの問題

**第3週　もっとがんばってほしい！** ··························· 49
I would like you to try harder!　希望你能更加努力！　좀더 열심히 했으면 좋겠다！

1日目 **いくら**安く**ても**　2日目 それ**にしては**
3日目 勉強する**つもりでしたが**…　4日目 会う**たびに**
5日目 一人**っきり**　6日目 教えて**ほしい**　7日目 復習＋敬語 / まとめの問題

**第4週　がんばるしかない！** ································· 67

I just have to hang in there!　只能努力！　열심히 할 수밖에 없다！

1日目 子どものくせに　2日目 そのかわり　3日目 見れば見るほど
4日目 やってみることだ　5日目 聞いてみるしかない
6日目 つまり…　7日目 復習＋敬語 / まとめの問題

**第5週　もっとがんばればよかった！** ································· 85

I wish I had worked harder!　要是再努力些就好了！　좀더 열심히 하면 좋았을 것을！

1日目 子どもばかりか　2日目 炊きたて　3日目 受かっていたらいいなあ
4日目 今晩から明日の朝にかけて　5日目 たとえ高くても
6日目 ところで…　7日目 復習＋敬語 / まとめの問題

**第6週　もっとがんばることにした！** ································· 103

I've decided to stick at it!　我要更加努力！　좀더 열심히 하기로 했다！

1日目 もし私じゃなかったら　2日目 話せることは話せますが…
3日目 もう少しで乗り遅れるところだった　4日目 できるわけがない
5日目 めったに行かない　6日目 その上…　7日目 復習＋敬語 / まとめの問題

**模擬試験** ································· 121

第1回　第2回

**さくいん** ································· 130

**[別冊]　練習問題の訳 / まとめの問題、模擬試験の答え・解説**

# 「日本語能力試験」N３について

## 試験日

年２回（７月と１２月の初旬の日曜日）

※海外では、試験が年１回の都市があります。

## レベルと認定の目安

レベルは５段階（N1 ～ N5）です。

N3 の認定の目安は、「日常的な場面で使われる日本語をある程度理解することができる」です。

## 試験科目と試験時間

| N3 | 言語知識（文字・語彙） | 言語知識（文法）・読解 | 聴解 |
|---|---|---|---|
| | （30 分） | （70 分） | （40 分） |

## 合否の判定

「得点区分別得点」と、それらを合計した「総合得点」の二つで合否判定を行います。得点区分ごとに基準点が設けられており、一つでも基準点に達していない場合は、総合得点が高くても不合格になります。

得点区分

| N3 | 言語知識（文字・語彙・文法） | 読解 | 聴解 |
|---|---|---|---|
| 0 ～ 180 点 | 0 ～ 60 点 | 0 ～ 60 点 | 0 ～ 60 点 |

総合得点　　得点の範囲

## N3「文法」の問題構成と問題形式

| 大問 | 小問数 | ねらい |
|---|---|---|
| 文の文法１<br>（文法形式の判断） | 13 | 文の内容に合った文法形式かどうかを判断することができるかを問う |
| 文の文法２<br>（文の組み立て） | 5 | 統語的に正しく、かつ、意味が通る文を組み立てることができるかを問う |
| 文章の文法 | 5 | 文章の流れに合った文かどうかを判断することができるかを問う |

### 〈文の文法１〉の問題

**つぎの文の（　　　）に入れるのに最もよいものを、1・2・3・4から一つえらびなさい。**

例）　A「いっしょに宝くじを買いませんか。」

　　　B「ええ、10枚（　　　）買ってもいいですよ。」

　1　ごろなら　　　2　ごろでも　　　3　ぐらいでも　　　4　ぐらいなら

①②③●

### 〈文の文法２〉の問題

**つぎの文の＿★＿に入る最もよいものを、1・2・3・4から一つえらびなさい。**

例）　先月 ＿＿＿ ＿＿＿ ＿★＿ ＿＿＿ 壊れてしまった。

　1　ばかりの　　　2　パソコンが　　　3　買った　　　4　もう

①●③④

### 〈文章の文法〉の問題

**つぎの文章を読んで、[1]から[5]の中に入る最もよいものを、1・2・3・4から一つえらびなさい。**

※ 300～400字程度の中文を読んで、文章の流れに合った語彙、接続詞、文末表現などを選びます。

試験日、実施地、出願の手続きのしかたなど、「日本語能力試験」の詳しい情報は、
日本語能力試験のホームページ https://www.jlpt.jp をご参照ください。

# この本の使い方

How to use this book　本书的使用方法　이 책의 사용법

◆本書は、第１週～第６週までの６週間で勉強します。日本語能力試験で出題される文法項目を、１日に３つ～４つずつじっくり勉強していきます。

This book is to be used as a six-week study guide. Each day, you will study three or four grammatical items found on the Japanese-Language Proficiency Test (JLPT).

本书分 6 周（第 1 周～第 6 周）学习，每天各学习 3 ～ 4 个日语能力考试中会出题的语法项目，踏踏实实地学下去。

본책은 제 1 주 ~ 제 6 주까지 6 주동안 공부합니다 . 일본어능력시험에 출제된 문법항목을 하루에 3~4 개씩 꼼꼼하게 공부해 갑니다 .

◇例文の音声を聞くことができます。ダウンロードについてはp.10を見てください。

You can listen to audio of sample sentences. See p. 10 for information about downloads.

您可以收听例句的语音。关于下载请查看第 10 页。

예문 음성을 들을 수 있습니다 . 다운로드 정보는 10 페이지를 확인하세요 .

◇各ページのタイトルにも学習する文法項目が含まれています。しっかり読んで覚えましょう。

The title of each page contains the day's grammatical items. Read and learn them well.

各页标题都含有要学的语法条目。读一读，把它牢牢记住。

각 페이지의 타이틀에도 학습할 문법항목이 포함되어 있습니다 . 제대로 읽고 외웁시다 .

◇文法項目ごとに例文がついています。下線部に注意して読みましょう。（＝　）は下線部の意味です。やさしい日本語で書いてあります。

Each grammatical item has its own example sentences. Pay close attention to the underlined parts.
The sentences in brackets（＝　）repeat the same meanings using easier Japanese.

每个语法条目都带有例文。阅读时要注意下划线部分。
（＝　）是下划线部分的含义。都是简单易懂的日语。

문법 항목마다 예문이 붙어 있습니다 . 밑줄에 주의해서 읽읍시다 .
（＝　）는 밑줄 친 부분의 뜻입니다 . 쉬운 일본어로 써 있습니다 .

第3週　2日目

もっとがんばってほしい！　🔊No.14

それにしては

学習日　月　日（　）

**44　日本代表として**

彼は外国人だが、日本代表として試合に出る。
（＝日本代表という立場で）
He is a foreigner, but he participates in games as a representative of Japan.
他虽然是外国人，但却代表日本参赛。　그는 외국인이지만 , 일본 대표로서 시합에 나간다 .

彼女は女性としても俳優としても最高だが、妻としてはどうだろう。（＝妻という立場では）
As a woman and as an actress, she is the best, but as a wife, I wonder.
她作为一位女性和演员都很棒，作为妻子怎么样呢？　그녀는 여성으로서도 여배우로서도 최고지만 , 아내로서는 어떨까 ?

Nと して / しては / しても / してのN

**45　外国人にしては**

外国人にしては日本語が上手だ。（＝外国人とは思えないくらい）
For a foreigner, his Japanese is very good. 作为外国人，日语可真棒。　외국인치고는 일본어를 잘한다 .

初めてにしては、よくできました。（＝初めてだとは思えないくらい）
You did well considering it was your first time.
虽然是第一次，但做得很好了。　처음치고는 잘 했습니다 .

洗ったの？　それにしてはきれいじゃないね。
（＝洗ったにしては／洗ったとは思えないくらい）
You washed it?  It doesn't look like it's clean.  已经洗了？不过可不怎么干净啊。　씻었어 ? 그런 것치고는 깨끗하지 않은데 .

V/A/na/N普に / ❗naだに / Nだに　しては
それにしては
◆意外な気持ち
An unexpected feeling.
出乎意料的心情。
의외의 기분 .

**46　100円にしても**

これは、100円にしても高いと思う。（＝100円であっても）
Even 100 yen is too expensive.
这个，就算是 100 日元，我也觉得贵。　그것을 100 엔치고는 비싸다고 생각한다 .

遅れるとは聞いていたけど、それにしても田中さん、遅いね。
（＝それはわかっているが、それでも）
I've heard that Tanaka-san was coming late but he is really late.
听说了田中要晚到些，即便如此，也未免太迟了啊。　늦는다고는 들었지만 , 그래도 다나카 씨 , 너무 늦네 .

V/A/na/N普に / ❗naだに / Nだに　しても
それにしても

52　Week3 : I would like you to try harder!

◆ 各週の1日目から6日目までは形や使い方が似ている文法項目の学習です。7日目は1日目から6日目までの復習（＋敬語）と「まとめの問題」で、その週で勉強したことを確認します。

Every week, from Day 1 to Day 6, you will study grammatical items which are similar in form and usage. Up to Day 7, you can review the week's study with a review of Days 1–6 (+honorifics) and summary questions.

每周从第1天到第6天学习形式及使用方法相似的语法条目。第7天为止，可以通过第1天到第6天的复习（+敬语）和“综合问题”，确认这一周学过的内容。

각주의 1 일째부터 6 일째까지는 형태나 사용법이 닮은 문법항목의 학습입니다. 7 일째에는 1 일째 ~6 일째의 내용을 복습하고 (+ 높임말), '정리문제' 로 그 주에 공부한 내용을 확인할 수 있습니다.

| 1日目～6日目 | 7日目 | |
|---|---|---|
| 1日に3つ～4つずつ文法項目を学習 | 復習（＋敬語）とまとめの問題で力がついたか確認 | → 次の週へ |

## 47 本当だとしたら

その話が本当だとしたら、うれしいです。（＝本当なら）

If that's true, I'm so happy.

如果那事是真的，我就太高兴了。 그 말이 정말이라면, 기쁩니다.

飛行機で行くとしたら、いくらぐらいかかりますか。（＝行く場合は）

If we go by airplane, how much would it cost?

如果坐飞机去，大约要花多少钱? 비행기로 간다면 얼마정도 걸립니까?

N/na/A/V普と［したら／すれば］

第1週 第2週 第3週 第4週 第5週 第6週

**れんしゅうⅠ 正しいほうに○をつけなさい。**

① 彼は日本に来たことがない（a. にしては b. にしても）、日本をよく知っている。

② 友人（a. としたら b. として）、あなたにアドバイスしたいことがあります。

③ この時間の電車はいつも混んでいるが、（a. それにしても b. それにしては）混みすぎている。何かあったのだろうか。

④ 日本に来なかった（a. としたら b. とする）、アメリカに行っていたと思う。

⑤ お菓子は、会社などへのお土産（a. にして b. として）最適です。

**れんしゅうⅡ 下の語を並べ替えて正しい文を作りなさい。＿＿に数字を書きなさい。**

⑥ 本当にそんな ＿＿ ＿＿ ＿＿ ＿＿ 理由は何だろう。

1 彼が　2 としたら　3 した　4 ことを

⑦ ペットを飼うなら、＿＿ ＿＿ ＿＿ ＿＿ 持ってほしい。

1 責任を　2 として　3 飼い主　4 の

▶答えは p.55、正しい文の訳は別冊 p.8～9

**左ページ上の訳**

"Isn't it a dog?" "It is too big, considering. A bear? If it's a bear, we're in trouble."

“是不是狗?”“如果说是狗的话，那也太大了。…熊? …如果是熊，那就麻烦了！”

"개 아냐?" "그것 치고는 너무 크다 ....곰? ...곰이라면 큰일이다!"

p.51 の答え： Ⅰ－①a ②b ③a ④b ⑤a　Ⅱ－⑥2→1→4→3 ⑦4→3→2→1

第3周：希望你能更加努力！／제 3 주 : 좀더 열심히 했으면 좋겠다！ 53

◇ 例文の横に、接続や活用など、使い方がまとめてあります。（接続の表示方法は p.11 参照）

Beside the example sentences, you will find a list of usage examples including conjunctions and conjugations. (See p.11 for an explanation of how connected phrases are displayed)

例句旁边总结包括接续形式、活用等的使用方法。（接续表示方法：p.11）

예문 옆에, 접속이나 활용 등, 사용법을 정리해 놓았습니다.( 접속 표시 방법은 p.11)

◇ 例文には英語・中国語・韓国語の訳がついています。

Examples have been translated into English, Chinese and Korean.

例句部分，附有英文、中文及韩文的翻译。

예문에는 영어・중국어・한국어 번역이 있습니다.

◇ 理解を確認するための練習問題です。答えは次の日の最後にあります。

These are drills to test your understanding. The answers are at the end of the following day's lesson.

练习题来检验是否已理解、掌握。答案在第二天的最后。

이해를 확인하기 위한 연습문제입니다. 답은 다음 날 마지막에 있습니다.

◇ 左ページ上のイラストについている会話やことばの訳です。

This is a translation of the words and conversations found at the top of the left-hand page.

左页上插图内的对话及用语的翻译。

왼쪽 페이지 위의 일러스트에 있는 회화나 단어의 번역입니다.

◇ 前の日の「れんしゅう」の答えです。

These are the answers to the previous day's drills.

前一天的“练习”答案。 전날의 “연습”의 답입니다.

◆１日目～６日目まではすべての漢字の下にルビがついています。ルビを隠しながら読むと漢字を読む練習になるでしょう。
７日目の「まとめの問題」と「模擬試験」は、日本語能力試験に合わせて、N2 レベル以上の漢字の上にルビをつけてあります。

Kana reading is found underneath the kanjis in the lessons from Day 1 to Day 6. It will be good practice for reading if you cover it as you read. The summary questions and practice test on Day 7 are tailored to the JLPT, with kana characters printed alongside kanji that are more difficult than the N2 level.

第 1 天到第 6 天部分的所有汉字均附有注音假名。如果把注音假名隐藏起来读，就能练习阅读汉字。第 7 天的“综合问题”和“模拟考试”会根据日语能力考试，在难于 N2 级别的汉字上标注注音假名。

1 일째 ~6 일째까지는 모든 한자의 밑에 읽기가 달려 있습니다 . 한자읽기를 가리고 읽으면 한자를 읽는 연습이 될것입니다 .
7 일째의 '정리 문제' 와 '모의고사' 의 경우 , 일본어능력시험을 기준으로 N2 수준보다 어려운 한자에는 후리가나가 달려있습니다 .

◆接続は、主な品詞・活用形のうち、よく使われるものだけ表示しています。実際に使われている接続の形すべてを表示しているわけではありません。

Of the major parts of speech and conjugated forms, only phrases that are often used with the grammar pattern will be given. It is not the case to include all the phrases that are actually used.

只有重点词和重点活用形才标有接续用法，并不是所有实际被使用的接续用法都会被标出来。

접속은 , 주요 품사 · 활용형 중 , 자주 쓰이는 것에만 표시했습니다 . 실제로 쓰이고 있는 접속 형태 모두를 표시하지는 않았습니다 .

◆「まとめの問題」と「模擬試験」は時間を計って、本当のテストのつもりで解きましょう。制限時間内に終わらない場合も最後まで続けましょう。

The summary questions and practice tests are timed, and you should try to solve them as if they were real tests. However, answer all the questions even if you are unable to finish within the time limit.

做“综合问题”和“模拟考试”时，请计算时间，当作真正的考试来解答。即使没能在规定的时间内完成，也坚持到最后吧。

'정리 문제' 와 '모의고사' 는 시간을 재면서 실제 시험처럼 풀어보세요 . 제한시간 내에 끝내지 못하더라도 끝까지 풀어봅시다 .

◆例文の音声は以下からダウンロードできます。

You can download audio of sample sentences from the link below.

例句的语音可以从以下链接下载。

예문 음성은 아래에서 다운로드 가능합니다 .

・アスク出版のホームページ：https://ask-books.com/book-details/?slug=9784866394909#audio-play

ASK Publishing website　ASK 出版的主页　ASK 출판 홈페이지

・Apple Podcast・Spotify に対応しています。

Compatible with Apple Podcast and Spotify.

也可以在 Apple Podcast 和 Spotify 中收听。Apple Podcast, Spotify 에서도 이용 가능합니다 .

◆答え・解説または訳の場所は下の表の通りです。

The location of the answer, commentary, or translation is as shown in the table below.

解答，解说或者翻译的位置，如下表所示。

정답 및 해설 또는 번역이 기재된 곳은 아래 표와 같습니다 .

| | 答え<br>Answer<br>解答　정답 | 解説または訳<br>Commentary or translation<br>解说或者翻译　해설 또는 번역 |
|---|---|---|
| １～６日目　練習 | ２ページ先 | 別冊 |
| ７日目　復習と「まとめの問題」 | 問題３の下 | |
| 模擬試験 | 別冊 | |

# 接続の表示方法

How connected phrases are displayed　接续表示法　접속 표시 방법

〈　〉はほかの本で使用されているほぼ同じ意味の文法用語を表しています。

Terms in〈　〉brackets are grammatical terms of nearly the same meaning found in other books.

〈　〉表示其他书中使用的基本相同的语法。　〈　〉는 다른 책에서 사용되고 있는 거의 같은 의미의 문법용어를 나타내고 있습니다.

## ■動詞〈verb〉

五段動詞 V-*u*〈グループⅠ動詞／-*u* verb〉　ex. 行く／読む

一段動詞 V-*ru*〈グループⅡ動詞／-*ru* verb〉　ex. 見る／寝る

不規則動詞 V-irr.〈グループⅢ動詞／irregular verb〉　ex. する／来る

| 解説文中の表示 | 活用形 | V-*u* | V-*ru* | V-irr | |
|---|---|---|---|---|---|
| Vる | 基本形〈現在形／non-past〉<br>辞書形〈終止形／dictionary form〉 | いく | みる | する | くる |
| Vない<br>V~~ない~~ | ナイ形〈未然形／negative form〉 | いかない<br>いか | みない<br>み | しない<br>し | こない<br>こ |
| V~~ます~~ | マス形〈連用形／*masu* form〉 | いき | み | し | き |
| Vて | テ形〈*te* form〉 | いって | みて | して | きて |
| Vた | タ形〈過去形／past〉 | いった | みた | した | きた |
| Vている | テイル形〈*teiru* form〉 | いっている | みている | している | きている |
| Vば | バ形〈仮定形／*ba* form〉 | いけば | みれば | すれば | くれば |
| Vよう | 意向形〈volitional/tentative〉 | いこう | みよう | しよう | こよう |
| Vれる | 可能形〈potential〉 | いける | みられる | できる | こられる |
| Vられる | 受身形〈passive〉 | いかれる | みられる | される | こられる |
| Vさせる | 使役形〈causative〉 | いかせる | みさせる | させる | こさせる |
| 命令形 | 命令形〈imperative〉 | いけ | みろ | しろ | こい |

㊥：普通形（上記の辞書形／ナイ形／タ形　ex. いく／いかない／いった／いかなかった など）

### 表示の例

V/A/na/N㊥せいで

❗ na~~だ~~なせいで／N~~だ~~のせいで

○ するせいで／しないせいで／したせいで
　しなかったせいで
　高いせいで／高くないせいで
　高かったせいで／高くなかったせいで
　ひまなせいで／ひまじゃないせいで
　ひまだったせいで／ひまじゃなかったせいで
　雨のせいで／雨じゃないせいで
　雨だったせいで／雨じゃなかったせいで など

× ひまだせいで／雨だせいで

動詞・い形容詞・な形容詞・名詞の普通形に接続するが、名詞は「名詞＋だ」ではなく「名詞＋の」、な形容詞は「な形容詞語幹＋だ」ではなく「な形容詞語幹＋な」になる。

These expressions,「せいで」, for example, come after verbs, *i*-adjectives, *na*-adjectives, and nouns. With nouns, it is preceeded by -*no* (not -*da*) while with *na* adjective stems, it is preceeded by -*na* (not -*da*).

接动词・形容词・形容动词・名词的普通型，名词不是「名词＋だ」而是「名词＋の」，形容动词不是「形容动词词干＋だ」而是「形容动词词干＋な」。

동사・い형용사・な형용사・명사의 보통형에 접속하지만, 명사는「명사＋だ」가 아닌「명사＋の」, な형용사는「な형용사 어간＋だ」가 아닌「な형용사어간＋な」가 된다.

## ■い形容詞〈形容詞、-*i* adjective〉

| 解説文中の表示 | 活用形 | い形容詞 | |
|---|---|---|---|
| Aくない | ナイ形〈未然形／negative form〉 | たかくない | うつくしくない |
| Aくて | テ形〈*te* form〉 | たかくて | うつくしくて |
| Aい | 辞書形〈終止形／dictionary form〉<br>基本形〈現在形／non-past〉 | たかい | うつくしい |
| Aかった | タ形〈過去形／past〉 | たかかった | うつくしかった |
| Aければ | バ形〈仮定形／*ba* form〉 | たかければ | うつくしければ |

(普)：普通形（上記の辞書形／ナイ形／タ形）

ex. たかい、たかくない、たかかった、たかくなかった　など

## ■な形容詞〈形容動詞、-*na* adjective、-*na* noun〉

| 解説文中の表示 | 活用形 | な形容詞 |
|---|---|---|
| na/na~~だ~~ | 語幹〈root／stem〉 | ひま |
| naな | 基本形〈現在形／non-past〉 | ひまな |
| naでない | ナイ形〈未然形／negative form〉 | ひまじゃない／ひまではない |
| naで | テ形〈*te* form〉 | ひまで |
| naだ | 辞書形〈終止形／dictionary form〉 | ひまだ |
| naだった | タ形〈過去形／past〉 | ひまだった |
| naなら | バ形〈仮定形／*ba* form〉 | ひまなら |

(普)：普通形（上記の辞書形／ナイ形／タ形）

ex. ひまじゃない、ひまだ、ひまだった、ひまじゃなかった　など

## ■名詞〈noun〉

※ 接続を解説するために、名詞は名詞に助動詞「だ」や助詞「の」を付けた形で示しています。
In order to explain the connected words, nouns are shown in the form used with the auxiliary verb *da* and the particle *no*.
为说明接续形式，名词用名词＋「だ」或「の」的形式表示。
접속을 해설하기 위해 , 명사는 명사에 조동사「だ」나 조사「の」를 붙인 형태로 표시하고 있습니다 .

| 解説文中の表示 | 活用形 | 名詞 |
|---|---|---|
| N/N~~だ~~/N~~する~~ | 語幹〈root／stem〉 | あめ　※N~~する~~＝スル名詞（ex. 勉強、説明） |
| Nの | 基本形〈現在形／non-past〉 | あめの |
| Nでない | ナイ形〈未然形／negative form〉 | あめじゃない／あめではない |
| Nで | テ形〈*te* form〉 | あめで |
| Nだ | 辞書形〈終止形／dictionary form〉 | あめだ |
| Nだった | タ形〈過去形／past〉 | あめだった |
| Nなら | バ形〈仮定形／*ba* form〉 | あめなら |

(普)：普通形（上記の辞書形／ナイ形／タ形）

ex. あめだ、あめじゃない、あめだった、あめじゃなかった　など

第(だい)**1**週(しゅう)

# がんばらなくちゃ！

I have to stick at it!
必须努力!
열심히 하지 않으면 안된다 !

## 今週(こんしゅう)の表現(ひょうげん)

### 1日目

- ☐ 書(か)か**れている**
- ☐ 赤(あか)ちゃんに泣(な)か**れた**
- ☐ 早(はや)く帰(かえ)ら**せてください**

### 2日目

- ☐ もう寝(ね)**ないと**
- ☐ 食(た)べ**ちゃった**
- ☐ 書(か)い**とく**

### 3日目

- ☐ ネコ**みたいだ**
- ☐ 春(はる)**らしい**
- ☐ 大人(おとな)**っぽい**

### 4日目

- ☐ 忘(わす)れ物(もの)をしない**ように しましょう**
- ☐ 聞(き)こえる**ように**話(はな)す
- ☐ 使(つか)える**ようになった**

### 5日目

- ☐ ご存(ぞん)じの**ように**
- ☐ 早(はや)く来(く)る**ように**
- ☐ 合格(ごうかく)し**ますように**

### 6日目

- ☐ やめ**ようと思(おも)う**
- ☐ 電車(でんしゃ)に乗(の)ろ**うとした**ときに
- ☐ 食(た)べ**ようとしない**

第1週
1日目

# がんばらなくちゃ！

No.01

# ぼくにもやらせて

学習日 月 日( )

## 1 書かれている

この本には、くわしい説明は書か**れていません**。
(=〈筆者が〉書いていない)
There is no detailed explanation in this book.
这本书上没有写详细说明。이 책에는 자세한 설명은 쓰여있지 않습니다.

入学式は、このホールで行わ**れます**。(=〈学校が〉行う)
The entrance ceremony will take place in this hall.
入学典礼将在这个大厅举行。 입학식은 이 홀에서 행해집니다.

これは、世界でいちばん大きいダイヤモンドだと言わ**れています**。(=〈だれかが〉言っている)
This is said to be the biggest diamond in the world.
据说这是世界上最大的钻石。이것은 세계에서 제일 큰 다이아몬드라고 합니다.

昔は、その考えが正しいと思わ**れていた**。(=〈昔の人は〉思っていた)
The idea used to be considered correct.
在以前，那样的想法被认为是正确的。옛날에는 그 생각이 옳다고 생각했었다.

> Vられる〈受身形〉
>
> ◆主語を表さないで事実を述べるとき、よく受身形を使う
>
> When you mention a fact without a subject, the passive form is often used.
> 不表明主语，陈述事实的时候，经常用被动。
> 주어를 나타내지 않고 사실을 서술할 때 수동형을 자주 사용한다.

## 2 赤ちゃんに泣かれた

友達の赤ちゃんを抱っこしたら、泣か**れて**しまった。
When I held my friend's baby, it cried.
抱了抱朋友的孩子，结果哭了。 친구의 아기를 안으니, 울어 버렸다.

雨**に**降ら**れて**、服がぬれてしまった。
My clothes got soaked in the rain.
被雨淋了，衣服湿了。 비가 내려서 옷이 젖어 버렸다.

父**に**死な**れて**、大学を続けられなくなりました。
I couldn't continue my university education after my father died.
因为父亲去世无法继续上大学了。 아버지가 돌아가셔서 대학을 계속 다닐 수 없게 되었다.

> (Nに) Vられる〈受身形〉
>
> ◆そのことによって、困る状態になったことを表す
>
> Showing a difficult situation as a result of something.
> 表示因为这件事情而陷入了困境。
> 그것에 의해 곤란한 상태가 된것을 나타낸다.
>
> れい Vられてしまった

## 3 早く帰らせてください

ちょっと気分が悪いので、早く帰らせてください。

Since I am not feeling very well, could I go home early?

有点不舒服，请让我早点回去。 몸이 좀 안 좋은데, 빨리 돌아가게 해 주세요.

あなたの会社のお話を聞かせてください。

Please tell me about your company.

请给我讲讲你公司的事情。 당신의 회사이야기를 들려 주세요.

手を洗わせてください。

Could I wash my hands?

请让我去洗手。 손을 씻게 해 주세요.

V(さ)せて ┌ください
　　　　　├もらえますか
　　　　　└もらえませんか

◆自分の行動について、相手から許可を得る表現

Expression used when asking for permission from the other person.

关于自己的行动，想得到对方许可的表达方式。

자신의 행동에 대해 상대에게 허락을 받는 표현.

**れんしゅうⅠ** 正しいほうに○をつけなさい。

① 英語は世界中で（a. 話されて　b. 話られて）います。

② この建物は三百年前に（a. 建たれ　b. 建てられ）ました。

③ 急に社員に（a. 辞まれた　b. 辞められた）。

④ その話はもうちょっと（a. 考えさせて　b. 考えらせて）。

⑤ 今日は熱があるので（a. 休ませて　b. 休まれて）ください。

**れんしゅうⅡ** 下の語を並べ替えて正しい文を作りなさい。＿＿に数字を書きなさい。

⑥ オリンピック ＿＿ ＿＿ ＿＿ ＿＿ 開かれます。

1 一度　　2 に　　3 は　　4 4年

⑦ 日本の ＿＿ ＿＿ ＿＿ ＿＿ もらえませんか。

1 について　　2 させて　　3 印象　　4 インタビュー

▶答えは p.17、正しい文の訳は別冊 p.2

**左ページ上の訳**

"Let me do it." "No. I'm afraid you'll hurt yourself."

"也让我做吧。" "你要是受伤就麻烦了，不行。"

"나에게도 시켜 줘." "다치면 곤란하니까 안되."

がんばらなくちゃ！ No.02

# そこに置いといて

学習日 月 日( )

## 4 もう寝ないと

明日は早く出かけるから、もう寝ないと。
(＝寝なければならない)

I must go to bed now since I will go early tomorrow morning.
明天要早点出门，必须睡觉了。 내일은 빨리 나가야하니까 이제 자지 않으면 .

試験まであと１ヵ月だ。がんばって勉強しないと。
(＝勉強しなければいけない)

There is only one month to go before the exam. I must concentrate on my study.
离考试还有１个月。必须努力学习。 시험까지 앞으로 1 개월이다 . 열심히 공부하지 않으면 .

田中さんにメールの返信をしなくちゃ。
(＝しなければならない)

I must respond to Tanaka-san's message.
必须给田中回邮件。 다나카 씨에게 메일의 답장을 하지 않으면 . ( 안 된다 )

> **Vないと**
> **Vなくちゃ／なきゃ**
> ◆「Vないといけない」(＝Vなければならない) を短くした言い方

## 5 食べちゃった

A「あれ？ ここにあったチョコレートは？」
B「あ、食べちゃった。いけなかった？」(＝食べてしまった)

“Oh! what happened to the chocolate which was here?”
“Oh, I ate it. I shouldn't have eaten it?”
“唉？放在这的巧克力呢？”“啊，我吃了。不可以吗？”
“어? 여기에 있던 초콜릿은?” “아 , 먹어버렸어 . 안 되는 거야?”

試験が終わった！ 今日は飲んじゃおう！
(＝飲んでしまおう)

Oh, the exam is over! I am going to have a drink!
考试结束了！今天大喝一顿吧！ 시험이 끝났어! 오늘은 마시자!

もしもし、すみません。車が混んじゃって……少し遅れます。(＝混んでしまって)

Hello, the traffic is bad... I'll be a little late. 喂，对不起。堵车了……会稍微晚些。여보세요, 미안합니다. 차가 붐벼서……조금 늦겠습니다.

> **V~~て~~ちゃう**
> ❗Vで→Vじゃう
> ◆「Vてしまう」の会話的表現
> れい してしまう→しちゃう
> 来てしまう→来ちゃう
> 帰ってしまう→帰っちゃう
> 死んでしまう→死んじゃう

## 6　書いとく

テストで間違ったところを、ノートに書いとこう。
(＝書いておこう)
I will make a note of what I did wrong in the test.
把考试中出错的地方记在笔记本上。　시험에서 틀린 곳을 노트에 써 두자.

お母さん、これ洗濯しといて。(＝洗濯しておいて)
Mom, wash this for me.
妈，帮我把这个拿去洗啊。 엄마, 이거 빨래해 놔.

トイレットペーパーがもうすぐなくなるから、
買っとかないと。
(＝買っておかないと〈いけない〉／買っておかなければならない)
We are running out of toilet paper. We'll have to buy some more.
卫生纸马上就要用没了，必须去买。 화장지를 곧 다 써가니까 사두지 않으면.(안 된다)

V~~て~~とく
❗ Vて おく→Vとく
Vで おく→Vどく
Vて おかない→Vとかない
◆「Vておく」の会話的表現
れい　しておきます→しときます
見ておいた→見といた
読んでおきます→読んどきます
飲んでおいて→飲んどいて

**れんしゅうⅠ** 正しいほうに○をつけなさい。

① あ、バス、(a. 行かないと　b. 行っちゃった)。

② A「パソコン消す?」
B「まだ使うから (a. 消しちゃって　b. つけといて)。」

③ あ、図書館の本 (a. 返さないと　b. 返しないと)。

④ これ、来週までに (a. 読んじゃった　b. 読んどいて)。

⑤ あーあ、雨に (a. 降っちゃった　b. 降られちゃった)。

**れんしゅうⅡ** 下の語を並べ替えて正しい文を作りなさい。____に数字を書きなさい。

⑥ 起きないと ____ ____ ____ ____ 寝ちゃった。
1　のに　　2　と　　3　思った　　4　また

⑦ おやつにりんごを ____ ____ ____ ____ の?
1　といた　　2　置い　　3　食べなかった　　4　のに

▶答えは p.19、正しい文の訳は別冊 p.2

**左ページ上の訳**

"Oh, I got it dirty. I have to send it to the cleaner's." "Just put it there. I will do it tomorrow."
"啊，脏了。必须拿去干洗了。" "先放那吧。我明天去洗。" "아, 더러워졌다. 세탁소에 맡기지 않으면." "거기에 둬. 내일 맡길 테니까."

p.15 の答え：Ⅰ－①a　②b　③b　④a　⑤a　Ⅱ－⑥3→4→2→1　⑦3→1→4→2

第1週 3日目

## がんばらなくちゃ！

No.03

学習日　　月　　日(　)

# 女らしい

## 7　ネコみたいだ

N
V/A/na/N普 ─ みたいだ。／みたいに／みたいなN

◆「～ようだ」よりも話しことば的

あの鳥の鳴き声はネコ**みたいだ**。（＝ネコのようだ）

That bird sings like a cat.
那只鸟的叫声就像一只猫。 그 새의 울음소리는 고양이같다 .

ここの砂は星**みたいな**形をしている。（＝星のような）

The grains of sand in this area are star-shaped.
这里的沙子形状像星星一样。 여기 있는 모래는 별 모양을 하고 있다 .

このアパートはだれも住んでいない**みたいだ**。（＝住んでいないようだ）

This apartment building looks deserted.
这公寓好像没有任何人住。 이 아파트는 아무도 살고 있지 않는것 같다 .

明日は雨**みたい**ね。（＝雨のようだ）

It looks like it will rain tomorrow. 明天好像要下雨。 내일은 비가 올 것 같다 .

リンさん**みたいに**日本語がうまくなりたい。（＝リンさんのように）

I wish I could speak Japanese like Lin-san.
真希望能和小林一样日语那么好。 린 씨처럼 일본어를 잘하게 되고 싶다 .

## 8　春らしい

Nらしい

れい 子どもらしい
男らしい／女らしい
私らしい／君らしい

今日は、春**らしい**暖かい日でした。（＝本当に春だと感じる）

Today was a very warm and springlike day.
今天春意盎然，很暖和。 오늘은 봄다운 따뜻한 날이었습니다 .

私は女性**らしい**洋服はあまり着ない。
（＝みんなが女性の服だと感じる）

I don't wear many feminine clothes.
我不太穿女性化的衣服。 나는 여성스러운 옷은 별로 입지 않는다 .

# 9 大人っぽい

あの小学生は、大人っぽい。（＝大人みたいだ）

That elementary school student acts adultlike.
那个小学生象个小大人。 저 초등학생은 어른같다.

この料理は油っぽくていやだ。（＝油が多い感じがして）

I don't like this dish. It is too greasy.
这菜太油腻，不喜欢。 이 요리는 기름기가 많아서 싫다.

**Nっぽい**

**れい** 子どもっぽい
男っぽい／女っぽい
黒っぽい／白っぽい
水っぽい

**ダメ** いいっぽい

**れんしゅうⅠ 正しいほうに○をつけなさい。**

① 冬なのに今日は暖かくて（a. 春らしい b. 春みたい）です。

② 母はいつも（a. 子どもらしい b. 子どもっぽい）服を着ている。

③ 逃げたのは、（a. 黒っぽい b. 黒みたいな）車でした。

④ 試験を受けたけど、合格は（a. 無理みたい b. 無理だみたい）です。

⑤ うちの子には、（a. 子どもみたいに b. 子どもらしく）元気に育ってほしい。

**れんしゅうⅡ 下の語を並べ替えて正しい文を作りなさい。＿＿に数字を書きなさい。**

⑥ 今からお話しするのは、うそ ＿＿ ＿＿ ＿＿ ＿＿ 話です。

1 みたい　2 の　3 本当　4 な

⑦ 明日は ＿＿ ＿＿ ＿＿ ＿＿ 天気になるでしょう。

1 らしい　2 秋　3 晴れて　4 よく

▶答えは p.21、正しい文の訳は別冊 p.2～3

**左ページ上の訳**

"She's suddenly become feminine." "I hear she maybe has a new boyfriend."
"她最近突然变得很有女人味。" "好像是有男朋友了。"
"그녀, 요즘 갑자기 여자다워졌어." "애인이 생긴 것 같아."

p.17 の答え： Ⅰ－① **b** ② **b** ③ **a** ④ **b** ⑤ **b**　Ⅱ－⑥ **2→3→1→4** ⑦ **2→1→4→3**

第1週 4日目

# がんばらなくちゃ！

No.04

学習日　月　日（　）

## できるようになった！

### 10 忘れ物をしないようにしましょう

忘れ物をしないようにしましょう。
（＝忘れ物をしない努力をしましょう）
Try not to leave things behind.
注意不要忘东西。 물건을 잊어버리는 게 없도록 합시다.

毎食後、歯をみがくようにしています。
（＝歯をみがく努力をしています）
I try to brush my teeth after meals.
坚持每次吃完饭后刷牙。 식사 후 매번, 이를 닦도록 하고 있습니다.

> Vる ／ Vない ］ようにする
>
> ◆習慣、心がけ（努力）を表す
>
> To show habits and intention (effort).
> 表示习惯或努力。
> 습관, 마음가짐(노력)을 나타낸다.

### 11 聞こえるように話す

みんなに聞こえるようにもっと大きな声で話してください。
（＝聞こえないと困るから）
Please speak louder so everyone can hear you.
为了让大家都听见，请用更大的声音说。모두에게 들리도록 좀더 큰 목소리로 말해 주세요.

忘れないように、手帳に書いておこう。（＝忘れると困るから）
I will write it down in my datebook so that I won't forget.
为了不忘，记在记事本上。잊지 않도록 수첩에 써 두자.

> Vる〈無意志動詞〉 ／ Vない ／ Vれる ］ように
>
> ◆Vる〈意志動詞〉ために

ダメ　家を買うように貯金をしている。

→家を買うために貯金をしている。（＝買うことが目的で）
I am saving up for a future home.　为了买房子而存钱。집을 사기 위해서 저금을 하고 있다.

ダメ　働くように学校をやめた。

→働くために学校をやめた。（＝働くことが目的で）
I quit school in order to work.　为了工作退学了。 일하기 위해서 학교를 그만두었다.

# 12 使えるようになった

**Vるようになる**

A「このDVDプレーヤー、こわれているんだよね。」
B「いや、直してもらったから、使える**ようになった**よ。」
(=使える状態になった)

"This DVD player is broken, isn't it?" "No. I had it repaired so you can use it."
"这个DVD播放器坏了吧。" "不是，已经让人修了，可以用。"
"이 DVD 플레이어 고장났지?" "아니, 고쳐서 사용할 수 있게 되었어."

ここの電気は人が通るとつく**ようになっています**。(=つく状態になっている)

This light goes on whenever someone passes by.
这里的电灯，只要有人过就会亮。　여기의 전기는 사람이 지나가면 들어오게 되어 있습니다.

## れんしゅうⅠ 正しいほうに○をつけなさい。

① 風が入らない（a. ために　b. ように）、窓を閉めておきましょう。

② 健康のために野菜を食べるように（a. して　b. なって）います。

③ 大学に合格できる（a. ように　b. ために）、一生懸命勉強しています。

④ 日本人みたいに日本語が（a. 話す　b. 話せる）ようになりたい。

⑤このインターホンは、留守にだれが来たか（a. わかる　b. わかれる）ようになっている。

## れんしゅうⅡ 下の語を並べ替えて正しい文を作りなさい。＿＿に数字を書きなさい。

⑥ インフルエンザに ＿＿ ＿＿ ＿＿ ＿＿ ようにしています。

1　する　　2　ように　　3　うがいや手洗いを　　4　ならない

⑦ たいていの電気製品は1年以内なら ＿＿ ＿＿ ＿＿ ＿＿ なっている。

1　もらえる　　2　こわれても　　3　ように　　4　無料で直して

▶答えはp.23、正しい文の訳は別冊p.3

**左ページ上の訳**

"I am getting better!" "Be careful not to cut your fingers!"
"已经做得很好了！" "注意不要切着手！"　"잘 할 수 있게 되었다!" "손을 베지 않도록 주의해!"

| p.19の答え： Ⅰ－①b　②b　③a　④a　⑤b　　Ⅱ－⑥1→4→3→2　⑦4→3→2→1 |
|---|

第1週 5日目

## がんばらなくちゃ！

No.05

学習日　月　日（　）

# 言ったように

## 13　ご存じのように

皆様ご存じのように、試験の内容が変わります。
（＝知っている内容と同じで）

As you are aware, the content of the exam will change.
正如大家所知道的，考试内容有变。여러분들이 아시다시피 시험내용이 바뀝니다.

ここに書いてあるように、今度の木曜日、授業は午前中だけです。（＝書いてある内容と同じで）

As is written here, there will be morning classes only next Thursday.
正如这里所写的，这个星期四只是上午有课。
여기 써있는 것처럼 이번 목요일 수업은 오전중에만 있습니다.

前にお話ししたように、来年から授業料が値上がりします。
（＝前に話した内容と同じで）

As I informed you earlier, the tuition fees will go up next year.
正如先前所说的，从明年开始学费要涨了。　전에 말했듯이 내년부터 수업료가 인상됩니다.

> Nの / V普 ］ように
>
> ◆説明の前置きでよく使う
> Used when introducing some explanations.
> 经常用于说明的开场白。
> 설명의 서론으로 자주 사용된다.
>
> れい　図のように
> 前にお話ししたように
> 田中さんが言ったように

## 14　早く来るように

A「明日はもっと早く来るように。」（＝来なさい）
B「わかりました。」

"Come earlier tomorrow." "OK. Will do."
"明天要再早点来。" "明白了。"　"내일은 좀더 빨리 오도록." "알았습니다."

ここで、たばこを吸わないように。（＝吸わないでください）

Do not smoke here.
注意不要在这里吸烟。여기에서 담배를 피지 않도록.

> Vる / Vない ］ように。
>
> ◆軽い命令を表す
> To indicate a request.
> 表示语气比较委婉的命令。
> 가벼운 명령을 나타낸다.
>
> れい　するようにしましょう
> するようにしなさい

# 15 合格しますように

合格しますように。（＝合格することを望んでいます）
I hope I will pass the exam. 希望能合格。 합격하도록 .

母の病気が治りますように。（＝治ることを望んでいます）
I hope my mother will get better (soon).
希望母亲的病能治好。 어머니의 병이 낫도록 .

インフルエンザにかかりませんように。
（＝かからないことを望んでいます）
I hope I won't get the flu. 希望不要患流感。 독감에 걸리지 않도록 .

Vます
Vません ようにっ
Vれます

◆願望を表す
「ように」の前は「ます／ません」を使う
To indicate a hope.Use「ます／ません」before「ように」.
表示愿望。在「ように」之前，使用「ます／ません」。바람을 나타내다 .「ように」앞에는「ます／ません」를 사용한다 .

**れんしゅう Ⅰ 正しいほうに○をつけなさい。**

① 遅れる場合は、（a. 連絡する　b. 連絡できる）ように。

② いい仕事が（a. 見つかる　b. 見つかります）ように。

③ 次（a. ように　b. のように）修正してください。

④ 今、テレビなどでコマーシャルを（a. する　b. している）ように、これの新製品がもうすぐ発売されます。

⑤ 雪が降っていますから、（a. 転ぶ　b. 転ばない）ように注意して出かけてください。

**れんしゅう Ⅱ 下の語を並べ替えて正しい文を作りなさい。＿＿に数字を書きなさい。**

⑥ 私が作った曲を ＿＿ ＿＿ ＿＿ ＿＿ 。

1 喜んで　2 皆さんが　3 ように　4 くれます

⑦ いつも ＿＿ ＿＿ ＿＿ ＿＿ ように。

1 無理を　2 ように　3 言っている　4 しすぎない

▶答えは p.25、正しい文の訳は別冊 p.3

**左ページ上の訳**

"As I said yesterday, I will give you a test tomorrow. Please review the section carefully." "I hope it won't be hard."
"正如昨天所说的，明天要考试。大家要好好复习。" "希望不要太难。" "어제 말했듯이 내일은 시험을 봅니다 . 제대로 복습을 하도록 ." "어렵지 않도록 ."

p.21 の答え： Ⅰ－①b ②a ③a ④b ⑤a Ⅱ－⑥4→2→3→1 ⑦2→4→1→3

第1週 6日目

## がんばらなくちゃ！

No.06

# 話を聞こうとしない

学習日　月　日（　）

留学しようと思っているが、父は私の話を聞こうとしない。

## 16　やめようと思う

会社をやめようと思っている。（＝やめるつもりです）
I am thinking of quitting my job.
我想辞职。 회사를 그만두려고 생각하고 있다 .

来年、国に帰ろうと思っています。（＝帰るつもりです）
I am thinking of going home next year.
明年想回国。 내년 , 고향으로 돌아가려고 생각하고 있습니다 .

**Vようと思う**

◆意志や予定を表す
To show one's will or plan.
表示意志或计划。
의지나 예정을 나타낸다 .

## 17　電車に乗ろうとしたときに

**Vようとする**

電車に乗ろうとしたときに、ドアが閉まって乗れなかった。
（＝乗る動作を始めたときに）
I missed the train. The door closed just as I was about to get on.
正要上电车的时候，门关上了，没能上去。 전철에 타려고 했을 때 문이 닫혀서 탈 수 없었다 .

あ、ポチ〈犬の名前〉が、あなたの靴をかもうとしているよ。
（＝かみそうだ）
Oh, Pochi (dog) is going to bite your shoe.
啊，鲍奇（狗的名字）要去咬你的鞋。 아 , 포치 ( 개의 이름 ) 가 너의 구두를 씹으려고 하고 있어 .

ポチは、ぼくが出かけようとすると、ほえる。
（＝出かける動作を始めると）
Pochi barks whenever I am about to go out.
只要我打算出门，鲍奇就会叫。 포치는 내가 나가려고 하면 짖는다 .

# 18 食べようとしない

ポチ、どうしたんだろう。ご飯を食べようとしないんだよ。(=食べるつもりがない)

What's wrong with Pochi? He doesn't seem to eat at all.
鲍奇到底是怎么了？它不想吃饭。 포치 , 왜 이러지 ? 밥을 안 먹으려고 해 .

彼は、自分のことは何も言おうとしない。(=言うつもりがない)

He doesn't seem to talk about himself.
他，对自己的事情什么都不想说。 그는 자신에 대해선 아무 것도 말하려고 하지 않는다 .

**Vようとしない**

◆動作や行動をする意志が感じられないことを表す

To indicate a lack of will to do something.
表明无法感觉到想要行动的意志。
동작이나 행동을 하는 의지를 느낄수 없는 것을 나타낸다 .

## れんしゅう I 正しいほうに○をつけなさい。

① おふろに（a. 入よう　b. 入ろう）としたとき、だれか来ました。

② 父はそれについて何も（a. 話そう　b. 話しよう）としない。

③ このジャムのふたは、いくら開け（a. よう　b. ろう）としても（a. 開かない　b. 開こうとしない）。

④ A「昨日は授業に来なかったね。」
B「うん、(a. 来るだろう　b. 来よう) と思っていたんだけど、熱が出て休んだんだ。」

## れんしゅう II 下の語を並べ替えて正しい文を作りなさい。___に数字を書きなさい。

⑤ 買おう ___ ___ ___ ___ きちゃった。
1 忘れて　2 書いといた　3 と思って　4 メモを

⑥ 弟の好きな ___ ___ ___ ___ 思っています。
1 誕生日に　2 買って　3 ゲームを　4 やろうと

▶答えは p.27、正しい文の訳は別冊 p.4

**左ページ上の訳**

I am thinking about studying abroad but my father doesn't even listen to what I say.
我想留学，但父亲根本不听我说话。
유학하려고 생각하고 있지만 , 아버지는 나의 말을 들으려고 하지 않는다 .

p.23 の答え： I −① a　② b　③ b　④ b　⑤ b　II −⑥ 2→1→4→3　⑦ 3→2→1→4

第1週

7日目

## がんばらなくちゃ！

# 復習＋敬語

学習日　　月　　日（　）

Q　絵を見てそれぞれの質問に答えましょう。（答えはp.30）

## 1日目

▶p.14〜15

A と B、だれのこと？
a やりたいのは？
b ケガをするのは？
c 困るのは？

## 2日目

▶p.16〜17

「出さないと」とは？
a 出さなくちゃ
b 出さなくて
c 出しちゃった

## 3日目

▶p.18〜19

「女らしくなった」とは？
a 女みたいになった
b 女っぽくなった
c 男っぽくなった

## 4日目

▶p.20～21

「できるようになった」とは？
a 上手になった
b 下手になった
c あぶなくなった

## 5日目

▶p.22～23

「復習するように」とは？
a 復習させてほしい
b 復習してもいい
c 復習しなさい

## 6日目

▶p.24～25

留学し**ようと思っているが**、
父は私の話を
聞こ**うとしない**。

「聞こうとしない」とは？
a 聞くつもりがない
b 聞きたがる
c 聞くつもりだ

## 敬語　自己紹介① …言う（申す・おっしゃる）

(私が)**申す**・(あなたが)**おっしゃる**

✤ (あなたは)お名前は何と言いますか→**おっしゃいますか**
✤ (私は)田中と言います→**申します**

**【問い】** 下線部を敬語に直しなさい。(答えは p.30)

① 「私はホワイトと言います。」
② 「今、何と言いましたか。」
③ 「今日が最後なんです。」「というと？」

p.25 の答え：Ⅰ－①**b**　②**a**　③**a**、**a**　④**b**　Ⅱ－⑤**3→2→4→1**　⑥**3→1→2→4**

がんばらなくちゃ！　　月　日（　）

# まとめの問題

制限時間：20分
1問4点×25問
答えはp.30、解説は別冊p.4～5
点数　／100

**問題1** つぎの文の（　　）に入れるのに最もよいものを、1・2・3・4から一つえらびなさい。

**1** 30分だけここに車を（　　）もらえませんか。

1 止められて　2 止めさせて　3 止まらせて　4 止まられて

**2** どうして悪いところを（　　）としないんですか。

1 直しよう　2 直ろう　3 直そう　4 直られよう

**3** 先生がいつも（　　）ように、復習は大事ですね。

1 おっしゃった　2 申している　3 申した　4 おっしゃっている

**4** このグラフからもわかる（　　）人口は減っています。

1 ために　2 ように　3 らしく　4 みたい

**5** 新しい車が（　　）ように貯金しています。

1 買えない　2 買う　3 買わない　4 買える

**6** この写真（　　）ヘアースタイルにしてください。

1 みたいな　2 みたいに　3 みたいの　4 みたく

**7** ちゃんと世話をしないと、金魚は（　　）よ。

1 死んちゃった　2 死んちゃう　3 死んじゃった　4 死んじゃう

**8** 間に合わなくなってしまうよ。早く準備（　　）！

1 されると　2 しちゃうと　3 しないと　4 しとくと

**9** みなさんの国でよく（　　）日本人はだれですか。

1 知らされている　2 知らせている
3 知られている　4 知らさせている

**10** シャワーを（　　）としたが、水が出なかった。

1 あばよう　2 あびよう　3 あびろう　4 あばろう

**11** 折(お)り紙を図（　　　）折ります。

1　っぽく　　2　みたいな　　3　らしく　　4　のように

**12** 習った日本語はすぐに（　　　）しましょう。

1　使って　　2　使おう　　3　使わない　　4　使うように

**13** この牛乳はちょっとうすくて（　　　）。

1　水っぽい　　2　水っぽくない　　3　水らしい　　4　水らしくない

**14** テレビ、見ないなら（　　　）。

1　ついといて　　2　消しといて　　3　つけといて　　4　消えといて

**15** そこに（　　　）じゃまだから、向こうに行って。

1　いさせると　　2　いられると　　3　いさせないと　　4　いられないと

**問題2** つぎの文の＿★＿に入る最もよいものを、1・2・3・4から一つえらびなさい。

**16** ここで ＿＿ ＿＿ ＿★＿ ＿＿ されています。

1　多くの国に　　2　車は　　3　輸出　　4　作られた

**17** あの学生は、日本語が ＿＿ ＿＿ ＿★＿ ＿＿ みたい。

1　明るくなった　　2　ように　　3　なってから　　4　わかる

**18** 忘れちゃうと ＿＿ ＿＿ ＿★＿ ＿＿ なくしちゃった。

1　のに　　2　メモしといた　　3　いけないから　　4　そのメモを

**19** この子は、＿＿ ＿＿ ＿★＿ ＿＿ らしくない。

1　大人　　2　子ども　　3　話し方をして　　4　みたいな

**20** 安売りセールで、買おうと ＿＿ ＿＿ ＿★＿ ＿＿ しまいました。

1　シャツを　　2　買われて　　3　思っていた　　4　ほかの人に

**問題3** つぎの文章を読んで、21 から 25 の中に入る最もよいものを、1・2・3・4から一つえらびなさい。

> 今日、電車はとても混んでいました。でも、よく見ると、中のほうはすいていました。それで、中のほうへ［21］が、行けませんでした。ドアのところに立っている人たちが［22］からです。「中に［23］ください」と言って、やっと入れました。混んでいるときは、［24］としてもなかなか降りられないので、ドアの近くに立っているのかもしれません。でも、乗る人のことも考えて、なるべく中へ［25］ようにしたほうがいいと思いました。

**21** 1 行くようになりました　2 行こうとしました　3 行かせました　4 行かれました

**22** 1 動かせた　2 動かれた　3 動くようになった　4 動こうとしない

**23** 1 入らないで　2 入らせて　3 入らないと　4 入られて

**24** 1 降りた　2 降りろう　3 降りよう　4 降ります

**25** 1 入る　2 入れる　3 入らない　4 入れない

復習＋敬語（p.26～27）の答え：
［1日目］ a. A　b. A　c. B　［2日目］ a　［3日目］ b　［4日目］ a　［5日目］ c　［6日目］ a
［敬語］ ①申します　②おっしゃいましたか　③とおっしゃいますと

まとめの問題（p.28～30）の答え：
問題1　［1］2　［2］3　［3］4　［4］2　［5］4　［6］1　［7］4　［8］3　［9］3　［10］2
［11］4　［12］4　［13］1　［14］2　［15］2
問題2　［16］1（4→2→1→3）　［17］3（4→2→3→1）　［18］1（3→2→1→4）
［19］3（1→4→3→2）　［20］4（3→1→4→2）
問題3　［21］2　［22］4　［23］2　［24］3　［25］1

# 第2週

# がんばってごらん！

Give it a try!
努力试试！
열심히 해 보렴！

## 今週の表現

### 1日目

□ 遊んで**ばかり**
□ 会員**だけしか**
□ ひらがな**さえ**
□ 明日**こそ**

### 2日目

□ この問題**に関して**
□ 日本文化**について**
□ 天気予報**によれば**
□ 努力**によって**

### 3日目

□ 大き**さ**が違う
□ 苦し**み**は続く
□ テストの**こと**
□ 電話する**の**を忘れた

### 4日目

□ 木村さん**という**人
□ 「コンビニ」**というの**は…
□ 帰国する**というのは**本当ですか

### 5日目

□ 走る**というより**
□ 京都**というと**
□ 旅行**といっても**

### 6日目

□ 聞い**てごらん**
□ 来る**ように**言う
□ 飲む**なと**言われた
□ 教え**てくれと**頼まれた

第2週 1日目

# がんばってごらん！

No.07

学習日 月 日( )

## 遊んでばかり！

## 19 遊んでばかり

息子は仕事もしないで**遊んでばかりいる**。（＝いつも遊んでいる）
My son just plays around and doesn't work. 儿子不工作，光玩。 아들은 일도 하지 않고 놀기만 한다.

弟は、**テレビを見てばかり**いる。（＝いつもテレビだけ見ている）
My brother spends his entire time watching TV.
弟弟光看电视。 남동생은 텔레비전을 보기만 한다.

OK テレビばかり見ている

**習ったばっかり**なのに、もう忘れてしまった。（＝習ってすぐ）
I just learned it, and I've already forgotten it.
明明才刚学过，就已经忘了。 배운 지 얼마 안 됐는데 벌써 까먹었다.

> N / Vて / Vた ＋ ばかり / ばかりだ / ばかりのN / ばかりで
>
> ❗ Vてばかり / Vたばかり
>
> 意味の違いに注意！

## 20 会員だけしか

このコンサートは、**会員だけしか入れません**。
（＝会員だけ入れる）
This concert is open only to the members.
这个音乐会，只有会员才能进。 이 콘서트는 회원밖에 들어갈 수 없습니다.

今日はお客様が**一人だけしか来ません**でした。
（＝一人だけ来た）
We had only one customer today.
今天只来了一位客人。 오늘은 손님이 한 명밖에 오지 않았습니다.

> NだけしかVない
>
> ◆「～だけ」を強調する
> To emphasize "only ...".
> 强调"～だけ（只有～）。"
> 「～だけ」를 강조한다.
>
> れい 1つだけしかない
> 社長だけしかいない
> ひらがなだけしか書けない

## 21 ひらがなさえ

**ひらがなさえ**書けないんですから、漢字なんて書けません。（＝ひらがなも）
I can't even write hiragana, so I of course can't write kanji characters.
连假名都不会写，汉字就更不会写了。 히라가나조차 못 쓰는데, 한자 따위 쓸 수 없습니다.

そんなこと、**子どもでさえ**知っている。（＝子どもでも）
Even children know that. 那种事，就连孩子都知道。 그런 건 아이라도 알고 있다.

> N / Nに / Nで ＋ さえ

## 22 明日(あした)こそ

明日(あした)こそ勉強(べんきょう)するぞ！（＝明日(あした)はきっと）
I will definitely study tomorrow!
明天一定学习了！ 내일이야말로 공부할테다！

愛情(あいじょう)があるからこそ、しかるんです。（＝本当(ほんとう)にあるから）
The reason I scold you is because I care so much about you.
正因为爱你，才会批评你。 애정이 있기 때문에，혼내는 겁니다．

> Nこそ
> ～から(理由(りゆう))こそ
> ◆強調(きょうちょう)を表(あらわ)す
> Expresses emphasis.
> 表示强调。 강조를 나타내다．

**れんしゅうⅠ 正(ただ)しいほうに○をつけなさい。**

① 忙(いそが)しくて、昼(ひる)ごはんを食(た)べる時間(じかん)（a. さえ　b. こそ）ない。

② うちのねこは、（a. 寝(ね)る　b. 寝(ね)て）ばかりいる。

③ このクラスでは、日本語(にほんご)（a. さえ　b. だけ）しか使(つか)わないように。

④ リンさんは、日本人(にほんじん)で（a. さえ　b. こそ）読(よ)めない漢字(かんじ)が読(よ)める。

⑤ そんなに（a. 働(はたら)く　b. 働(はたら)いて）ばかりいては、体(からだ)をこわしますよ。

**れんしゅうⅡ 下(した)の語(ご)を並(なら)べ替(か)えて正(ただ)しい文(ぶん)を作(つく)りなさい。＿＿に数字(すうじ)を書(か)きなさい。**

⑥ 難(むずか)しい ＿＿ ＿＿ ＿＿ ＿＿ と、友人(ゆうじん)は言(い)った。

1　こそ　　2　おもしろい　　3　仕事(しごと)　　4　だから

⑦ 家族(かぞく) ＿＿ ＿＿ ＿＿ ＿＿ もある。

1　言(い)えない　　2　に　　3　さえ　　4　こと

▶答(こた)えは p.35、正(ただ)しい文(ぶん)の訳(やく)は別冊(べっさつ) p.5

**左ページ上の訳**

"You are all I need.  I don't need anything else." "You must be kidding!"
"我只有你。只要有你在，我什么都不需要。" "净撒谎！"
"나에게는 너밖에 없어．너만 있으면 아무것도 필요없어．" "거짓말만 하고！"

## がんばってごらん！

No.08

# 事故などによる渋滞

学習日　　月　　日（　）

## 23　この問題に関して

この問題**に関して**、ご意見ありませんか。（＝この問題に関係して）
Do you have any suggestions regarding this problem?
就这个问题，您还有什么意见吗？　이 문제에 관해서, 의견 없으십니까?

農業**に関する**論文を読む。（＝農業に関係する）
I read a research paper on the topic of agriculture.
读有关农业方面的论文。　농업에 관한 논문을 읽다.

Nに ┌ 関して / 関しては / 関しても / 関する N

## 24　日本文化について

日本文化**について**勉強する。（＝日本文化に関して）
I study Japanese culture.
学习日本文化。　일본 문화에 대해서 공부한다.

「受験**についての**注意」を読む。（＝受験に関する）
I read the "Examination Instruction".　读"考场须知"。　'수험에 대한 주의'를 읽는다.

Nに ┌ ついて / ついての N / ついては / ついても

## 25　天気予報によれば

天気予報**によれば**、明日は晴れるらしい。（＝天気予報で聞いたが）
According to the weather forecast, it looks like tomorrow will be sunny.
据天气预报报道，明天好像是晴天。　일기예보에 의하면, 내일은 맑을 것 같다.

さっきの地震はテレビの速報**によると**震度３だそうだ。（＝速報で見たが）
According to the news flash on TV, the earthquake just now had an intensity of 3 (on the Japanese seismic scale).
刚才的地震，据电视速报报道震度是 3 级。　조금 전 지진은 텔레비전 속보에 의하면 진도 3이라고 한다.

Nに ┌ よれば / よると

# 26 努力(どりょく)によって

彼(かれ)は努力(どりょく)によって病気(びょうき)を克服(こくふく)した。（＝努力(どりょく)して）
Through his effort, he conquered his illness.
他凭着自身的努力，战胜了疾病。 그는 노력에 의해 병을 극복했다.

人(ひと)によって考(かんが)え方(かた)が違(ちが)います。（＝人(ひと)が違(ちが)えば）
Opinions differ depending on the person.
想法因人而异。 사람에 따라 사고 방식이 다릅니다.

台風(たいふう)によって屋根(やね)が飛(と)ばされた。（＝台風(たいふう)で）
The typhoon blew the roof away.
因台风房顶被吹跑了。태풍에 의해 지붕이 날라가버렸다.

Nに ┌よって
　　 │よっては
　　 │より
　　 └よる N

◆手段(しゅだん)・原因(げんいん)・場合(ばあい)を表(あらわ)す
Expresses a method, cause, case.
表示手段、原因、场合。
수단・원인・경우를 나타내다.

**れんしゅうⅠ** 正(ただ)しいほうに○をつけなさい。

① 話(はな)し合(あ)いに（a. ついて　b. よって）問題(もんだい)を解決(かいけつ)する。

② この雑誌(ざっし)に（a. よると　b. 関(かん)して）、駅前(えきまえ)のラーメン屋(や)はおいしいらしい。

③ この新聞記事(しんぶんきじ)に（a. よれば　b. ついて）、聞(き)きたいことがあります。

④ 新聞(しんぶん)に（a. よると　b. よって）、ニュースの伝(つた)え方(かた)が違(ちが)う。

⑤ 市民(しみん)の力(ちから)に（a. より　b. よる）、町(まち)はきれいになった。

**れんしゅうⅡ** 下(した)の語(ご)を並(なら)べ替(か)えて正(ただ)しい文(ぶん)を作(つく)りなさい。＿＿に数字(すうじ)を書(か)きなさい。

⑥ 台風(たいふう) ＿＿ ＿＿ ＿＿ ＿＿ います。

1　被害(ひがい)は　　2　広(ひろ)がって　　3　さらに　　4　による

⑦ この町(まち)の ＿＿ ＿＿ ＿＿ ＿＿ さがしています。

1　に　　2　歴史(れきし)　　3　関(かん)する　　4　本(ほん)を

▶答(こた)えはp.37、正(ただ)しい文(ぶん)の訳(やく)は別冊(べっさつ)p.5～6

**左ページ上の訳**

"I will inform you about the current traffic situation in the Greater Tokyo Area. Currently there are no traffic jams due to accidents and other conditions."
"下面播报首都交通状况。目前没有因车祸造成的交通堵塞。"
"수도권의 도로 상황에 대해 전해드립니다. 현재, 사고 등으로 인한 정체는 없습니다."

| p.33の答え：Ⅰ－①a ②b ③b ④a ⑤b　Ⅱ－⑥3→4→1→2 ⑦2→3→1→4 |
|---|

第2週 3日目

# がんばってごらん！

No.09

学習日 月 日( )

## あなたのこと

毎日、あなたのことを思っている
けれど、気持ちを伝えるのは、
恥ずかしくてできない……。

### 27 大きさが違う

大きさは違うが、君と同じかばんを持っているよ。（＝どのぐらい大きいか）

I have the same bag in a different size.
虽然大小不同，但有和你一样的包。
크기는 다르지만，너와 같은 가방을 가지고 있다．

子どもに命の大切さを教えなければならない。（＝命がどのぐらい大切か）

We must teach young children how important life is.
必须教给孩子生命的可贵。아이에게 생명의 소중함을 가르치지 않으면 안 된다．

A~~い~~さ　❗よい→よさ
na~~だ~~さ

◆名詞を作る。性質、気持ちそのものやその程度を表す

A noun form used to indicate a characteristic or feeling, and its degree.
构成名词。表示性质、心情及程度。
명사를 만든다．성질，마음 그자체나 그 정도를 나타낸다．

れい　うれしさ　暑さ　甘さ　まじめさ

### 28 苦しみは続く

戦争が終わった今でも、この国の苦しみはまだ続いている。（＝苦しい状態）

Even though the war is over, the suffering of this country still continues.
即便是战争结束的今天，这个国家的痛苦依然在继续。
전쟁이 끝난 지금도 이 나라의 고통은 아직도 계속되고 있다．

田中さんの強みは、2ヵ国語が話せるということです。（＝強い点）

Tanaka-san's strength is that he speaks two languages.
田中的强项是会说两国语言。
다나카 씨의 장점은 2개 국어를 말할 수 있다는 것입니다．

A~~い~~み／na~~だ~~み

◆名詞を作る。その状態・性質や、その状態になっているところを表す

A noun form used to indicate conditions or nature.
构成名词。表示其状态、性质，以及成为那种状态的部分。
명사를 만든다．그 상태·성질이나 그 상태로 되어있는 부분을 나타낸다．

れい　悲しみ　弱み　痛み　真剣み

ダメ　大きみ　うれしみ　暑み　まじめみ

### 29 テストのこと

来週のテストのことで、質問があります。（＝テストについて）

I have a question about the test next week.
关于下周的考试，我有问题。　다음 주의 시험에 대해 질문이 있습니다．

Nの
V/A/na/N普　｝こと
❗na~~だ~~な／N~~だ~~である

田中さんが入院したことを知っていますか。（＝入院したという事実）

Do you know the fact that Tanaka-san has been hospitalized?　你知道田中住院的事吗？　다나카 씨가 입원한 것을 알고 있었습니까？

## 30　電話するのを忘れた

田中さんに電話するのをすっかり忘れていました。
（＝電話すること）

I completely forgot to call Tanaka-san.
给田中打电话的事，我全给忘了。　다나카 씨에게 전화하는 것을 완전히 잊어 버렸습니다.

日曜日に混んだところへ行くのは、あまり好きではありません。（＝行くこと）

I don't like to go to crowded places on Sundays very much.
星期天不太喜欢去人多的地方。　일요일에 붐비는 곳에 가는 것은 별로 좋아하지 않습니다.

V/A/na/N 普
❗ naだな
N だな
] の

れい　見ているのが楽しい
いいのを選んでください
暑いのはきらいだ
元気なのがいちばんだ

**れんしゅう I**　正しいほうに○をつけなさい。

① 彼が作った映画には、（a. やさしさ　b. やさしいさ）があふれている。

② そんな（a. むりの　b. むりな）ことを言わないでください。

③ どの作品にも（a. よさ　b. いいさ）があります。

④ スポーツは見る（a. の　b. のこと）は好きなんですが……。

⑤ この文章には、書いた人の まじめ（a. み　b. さ）が表れている。

**れんしゅう II**　下の語を並べ替えて正しい文を作りなさい。＿＿に数字を書きなさい。

⑥ 私は、少し ＿＿ ＿＿ ＿＿ ＿＿ が好きです。

1　苦み　　2　ある　　3　コーヒー　　4　の

⑦ 明日 ＿＿ ＿＿ ＿＿ ＿＿ 聞きましたか。

1　テスト　　2　を　　3　の　　4　のこと

▶答えは p.39、正しい文の訳は別冊 p.6

**左ページ上の訳**

I'm thinking of you everyday but I am too shy to tell you that.
每天都在想你，但因为不好意思，无法向你表白我的心意…
매일 당신을 생각하고 있지만 마음을 전달하는 것은 부끄러워서 할 수 없다…

p.35 の答え：Ⅰ－①b　②a　③b　④b　⑤a　　Ⅱ－⑥4→1→3→2　⑦2→1→3→4

学習日　月　日(　)

# 省エネというのは・・・

## 31　木村さんという人

| $N_1$という$N_2$ |
| --- |
| Nというもの |
| Nということ |

さっき、木村さんという人から電話がありましたよ。
(＝木村さんという名前の人)

There was a call from a Kimura-san a little while ago.
刚才，有个叫木村的人来电话了。 좀전에 기무라 씨라는 사람으로부터 전화가 있었습니다.

これは、日本の楽器で「尺八」というものです。(＝「尺八」という名前の楽器)

This is a Japanese musical instrument called the "*Shakuhachi*".
这是日本的乐器，叫"箫"。 이것은 일본의 악기로「샤쿠하치」라는 것입니다.

お金はいりません。無料ということです。(＝無料という意味)

You don't need to pay. I mean it's free.
不需要钱。就是说免费。 돈은 필요없습니다. 무료라고합니다.

**もっと!** この高校では、テニス、サッカー、野球といったスポーツが盛んです。
(テニス、サッカー、野球などの)

At this senior high school, tennis, soccer and baseball are the most popular sports.
在这个高中，网球、足球、棒球等体育项目盛行。 이 고등학교에서는 테니스, 축구, 야구 등 스포츠가 활발합니다.

## 32　「コンビニ」というのは・・・

N ┌というのは
　 └っていうのは

◆意味を表す
**れい** $N_1$というのは$N_2$のことだ。
$N_1$というのは$N_2$という意味だ。

「コンビニ」というのは、コンビニエンスストアを短くした言い方です。(＝「コンビニ」の意味は)

"Konbini" is a short form for convenience store.
所谓的"コンビニ"，是数"コンビニエンスストア"的简称。
「コンビニ」란「コンビニエンスストア」의 줄임말입니다.

A「電車で「カクテイ」っていうのは何のことですか。」
B「各駅に停車する電車のことです。」(＝「カクテイ」の意味は)

"What does it mean when you say '*Kakutei*' for a train?" "It means a train which stops every station."
"电车中的'各停'是什么意思？" "是指各个车站都停的电车。" "전철에서 '가쿠테이'라는 것은 무엇입니까?" "각 역에서 정차하는 전철입니다."

## 33 帰国するというのは本当ですか

リンさんが帰国するということを聞いて驚きました。
(＝帰国するという話)

I was surprised to hear that Lin-san was going back to his home country.
听说小林要回国，非常吃惊。　린 씨가 귀국한다는 말을 듣고 놀랐습니다.

こんなによく遅刻をするというのは、問題ですよ。
(＝遅刻をするという事実)

You are late so often that it has become a problem.
这么频繁地迟到，真是问题。　이렇게 자주 지각을 하는 것은 문제에요.

田中さんが医者だというのを知らなかった。(＝医者だという事実)

I didn't know that Tanaka-san was a doctor.
不知道田中是医生。　다나카 씨가 의사라는 것을 몰랐다.

[文]普
- というの
- っていうの
- ということ
- っていうこと

◆文を名詞化して主語や目的語にする

To convert a sentence into a noun clause and use it as the subject or object.
将句子名词化，为主语或宾语。
문장을 명사화해서 주어나 목적어로 한다.

**れんしゅうⅠ** 正しいほうに○をつけなさい。

① 禁煙というのは、たばこを吸ってはいけないという（a. もの　b. こと）です。

② バイトっていう（a. と　b. の）は、アルバイト（a. のこと　b. という）です。

③ これは日本のヒーターで、「こたつ」という（a. もの　b. こと）です。

④ たたみとかしょうじ（a. といった　b. といって）日本的なものに興味があります。

**れんしゅうⅡ** 下の語を並べ替えて正しい文を作りなさい。＿＿に数字を書きなさい。

⑤ 私が ＿＿ ＿＿ ＿＿ ＿＿ 冗談ですよ。

1　辞める　　2　会社を　　3　のは　　4　という

⑥ この店は年中無休、つまり、＿＿ ＿＿ ＿＿ ＿＿ です。

1　という　　2　ない　　3　こと　　4　休みは

▶答えは p.41、正しい文の訳は別冊 p.6

左ページ上の訳

" '*Sho-ene*' is a short form of energy saving (*sho energi*)."
"'所谓'省エネ(节能)'，是节省能源的简称。"
"'省エネ(에너지절약)' 이라는 것은 에너지를 절약한다는 말을 줄인 것입니다."

p.37 の答え： Ⅰ－① a　② b　③ a　④ a　⑤ b　Ⅱ－⑥ 1→4→2→3　⑦ 3→1→4→2

第2週

5日目

## がんばってごらん！

No.11

学習日　　月　　日（　）

# 美人というより

彼女は俳優といっても
有名ではありません。
美人というより
かわいい人です。

## 34　走るというより

前の車は遅すぎて、走るというよりはっているようだ。
（＝走っているというよりはっているという感じだ）

The car in front is moving more than slowly. It's more like crawling than driving.
前面的车太慢了。与其说是在开，倒更像是在爬。　앞 차는 너무 느려서，달린다기보다는 기고 있는 것 같다．

N/na/V/A普 と ［いうより／いうか］

今日は涼しいというより寒いくらいだった。（＝涼しいというよりも寒いというほうが合っている）

It was cold rather than cool today.
今天不是凉快的问题了，甚至有些寒冷。　오늘은 시원하다기보다 추울 정도였다．

あの学生はできないというか、やる気がないのでしょう。（＝できないのではなく）

Rather than not being able to do it, the student doesn't want to try.
那个学生与其说是学习不好，倒不如说是没有学习动力。　저 학생은 못 한다기 보다，할 마음이 없는 거겠지요．

## 35　京都というと

京都というと、お寺をイメージします。
（＝京都ということばから）

When you say 'Kyoto', you imagine temples.
说到京都，就会想到寺庙。　교토 하면，절을 떠올립니다．

N/na/V/A普 と ［いうと／いえば／いったら］

日本の食べ物といえば、おすしがいちばん有名だと思います。
（＝日本の食べ物で考えてみると）

I think sushi is the most famous Japanese food.
要说日本的食物，我觉得寿司最有名。 일본의 음식이라고 하면，초밥이 가장 유명하다고 생각합니다．

夏の果物といったら、やっぱりスイカだね。（＝夏の果物と聞いて思い出すのは）

When you talk about "summer fruits", watermelon comes to mind.
说到夏天的水果，那还要数西瓜。　여름 과일 하면，역시 수박이지요．

# 36 旅行といっても

N/na/V/A普 といっても

週末は旅行しました。旅行といっても、近くの温泉に行っただけですが。（＝旅行と言えるものじゃなく）
I went on a trip last weekend, but I only went to a nearby hot spring.
周末去旅行了。虽说是旅行，不过就是去了趟附近的温泉。 주말에는 여행을 했습니다. 여행이라고 해도 가까운 온천에 간 것뿐입니다만.

今週は忙しいといっても、先週ほど（☞p. 72）じゃない。（＝忙しいが）
This week I'm busy, but not as much as last week.
这周很忙，但没有上周那样忙。 이번 주는 바쁘다고 해도 지난 주 만큼은 아니다.

**れんしゅうⅠ 正しいほうに○をつけなさい。**

① 庭がある（a. というより　b. といっても）、とても小さいです。

② 息子の部屋は、部屋（a. というと　b. というより）ゴミ箱だ。

③ 代表的な日本料理（a. といっても　b. というと）、すしや天ぷらでしょうか。

④ 彼の失礼な態度に、怒る（a. というより　b. といっても）あきれてしまった。

⑤ 日本の山（a. といったら　b. といっても）、富士山です。

**れんしゅうⅡ 下の語を並べ替えて正しい文を作りなさい。＿＿に数字を書きなさい。**

⑥ 子どもの ＿＿ ＿＿ ＿＿ ＿＿ でしょうか。
1 象　2 好きな　3 というと　4 動物

⑦ A「頭が痛いの？」
B「いや、＿＿ ＿＿ ＿＿ ＿＿ んだ。」
1 重い　2 と　3 痛い　4 いうか

▶答えは p.43、正しい文の訳は別冊 p.6 ～ 7

**左ページ上の訳**

She is an actress but is not famous. Rather than beautiful, she is cute.
她虽说是演员，但并不出名。与其说是美人，倒不如说是个可爱的人。
여배우라고 해도 유명하지는 않습니다. 미인이라기보다 귀여운 사람입니다.

p.39 の答え： Ⅰ－①b ②b、a ③a ④a　Ⅱ－⑤2→1→4→3 ⑥4→2→1→3

## がんばってごらん！

No.12

# 食べてごらん

学習日　月　日（　）

## 37　聞いてごらん

わからなかったら、先生に**聞いてごらん**。（＝聞いてみなさい）

If you don't understand, you should ask your teacher.
如果不懂，就问问老师。모르면 선생님에게 물어 보렴.

もう一度**やってごらんなさい**。（＝やってみなさい）

Why don't you try again?　请再试着做一次。다시 한번 해 보세요.

> **Vてごらん（なさい）**
>
> ◆目下の人に使う
>
> To be used to address subordinates.
> 用于部下或晚辈。
> 아랫사람에게 사용한다.

## 38　来るように言う

田中さんに、私の部屋に**来るよう（に）言って**ください。
（＝「来てください」と言って）

Please tell Tanaka-san to come to my room.
请告诉田中来我的房间。다나카 씨에게 내 방에 오도록 말해 주십시오.

妻に、家ではたばこを**吸わないよう（に）言われて**います。（＝「吸わないで」と言われて）

I have been told by my wife not to smoke in the house.
妻子跟我说不要在家里抽烟。아내가 집에서는 담배를 피우지 말라고 합니다.

> Vるよう（に）　┌言う
> Vないよう（に）└頼む

## 39　飲むなと言われた

医者に酒を**飲むなと**言われた。（＝「飲んではいけない」と）

The doctor told me not to drink.
医生跟我说不要喝酒。의사에게 술을 마시지 말라고 들었다.

先生に、もっと**勉強しろと**言われた。（＝「勉強しなさい」と）

My teacher told me to study more.
老师跟我说，要再努力学习。선생님에게 좀더 공부하라고 들었다.

父に、もっと早く**帰れと**注意された。（＝「帰りなさい」と）

My father told me to start coming home earlier.
父亲提醒我再早些回去。아버지가 좀더 빨리 집에 돌아오라고 주의를 하셨다.

> V［命令形］と／Vるなと
> ┌言われる
> │注意される
> │しかられる
> └怒られる
>
> ◆命令形を使用しても、全体が乱暴なことばにならない
>
> The imperative form loses its roughness when this kind of sentence structure is used.
> 即使用命令形，整体也不会感觉粗暴。
> 명령형을 사용해도 전체가 난폭한 말이 되지 않는다.

# 40 教(おし)えてくれと頼(たの)まれた

友達(ともだち)に、田中(たなか)さんの電話番号(でんわばんごう)を教(おし)え**てくれと**頼(たの)まれた。
(=「教(おし)えてください」と)

My friend asked me for Tanaka-san's phone number.
朋友托我告诉他田中的电话号码。 친구가 다나카 씨의 전화번호를 가르쳐 달라고 했다.

| Vてくれと<br>Vないでくれと | 頼(たの)まれる<br>言(い)われる |
|---|---|

大家(おおや)に、玄関(げんかん)の前(まえ)に自転車(じてんしゃ)を置(お)かない**でくれと**言(い)われた。(=「置(お)かないでください」と)

My landlord told me not to put my bicycle in front of the entrance.
房东跟我说，不要把自行车放在大门前。 집 주인이 현관 앞에 자전거를 두지 말라고 했다.

**れんしゅうⅠ 正(ただ)しいほうに○をつけなさい。**

① 医者(いしゃ)にたばこを吸(す)い（a. すぎるな　b. すぎろ）、と注意(ちゅうい)されました。

② 明日(あした)は8時(じ)までに会社(かいしゃ)に（a. くろ　b. こい）、と言(い)われました。

③ 田中(たなか)さんに、あまり無理(むり)を（a. しないように　b. するな）言(い)ってください。

④ この資料(しりょう)を50部(ぶ)コピーする（a. ように　b. くれと）頼(たの)まれました。

⑤ できるかできないか、とにかくやって（a. くれ　b. ごらん）なさい。

**れんしゅうⅡ 下(した)の語(ご)を並(なら)べ替(か)えて正(ただ)しい文(ぶん)を作(つく)りなさい。＿＿に数字(すうじ)を書(か)きなさい。**

⑥ このことは、だれにも ＿＿ ＿＿ ＿＿ ＿＿ んです。

1 くれ　2 言(い)われた　3 と　4 言(い)わないで

⑦ A「あれはどういう意味(いみ)ですか。」
B「お酒(さけ)を ＿＿ ＿＿ ＿＿ ＿＿ という意味(いみ)です。」

1 お酒(さけ)を飲(の)むな　2 運転(うんてん)するなら　3 飲(の)んだら　4 運転(うんてん)するな

▶答(こた)えはp.45、正(ただ)しい文(ぶん)の訳(やく)は別冊(べっさつ)p.7

**左ページ上の訳**

"This is so good. You should try it." "I have been told by the doctor not to eat sweets."
"这个很好吃，你尝尝。" "医生说尽量不要吃甜食。"
"이거 맛있어. 먹어 봐." "의사가 단 것은 먹지 말라고 했다."

p.41の答え：Ⅰ−①b ②b ③b ④a ⑤a　Ⅱ−⑥2→4→3→1 ⑦3→2→4→1

# 第2週 7日目

## がんばってごらん！

# 復習＋敬語

学習日

月　日(　)

Q　絵を見てそれぞれの質問に答えましょう。(答えは p.48)

## 1日目

▶p.32～33

「うそばっかり」とは？
a うそだけしか言わない
b うそさえ言わない
c うそを言わない

## 2日目

▶p.34～35

この情報と合っているのは？
a 道路は事故で混んでいる
b 道路は順調に流れている
c 道路はところによって混雑している

## 3日目

▶p.36～37

毎日、あなたの**こと**を思っているけれど、気持ちを伝える**の**は、恥ずかしくてできない……。

「伝えるのは」と同じ意味は？
a 伝えたことは
b 伝えることは
c 伝えないことは

## 4日目

▶p.38〜39

「省くということ」と同じ意味は？

a 省こうとしないこと
b 省くらしいこと
c 省くっていうこと

## 5日目

▶p.40〜41

この人はどんな人？

a 美人だが有名ではない人
b かわいい俳優
c 美人で有名な俳優

## 6日目

▶p.42〜43

AとBとCのうち、だれ？

a 食べさせたいのは？
b 食べるなと言ったのは？
c 食べようとしないのは？

## 敬語　自己紹介② …行く・来る・いる（いらっしゃる・参る・おる）

✤ 行く・来る… (私が)**参る**・(あなたが)**いらっしゃる**
✤ いる… (私が)**おる**・(あなたが)**いらっしゃる**
＊ていねい：もうすぐ電車が来る→まもなく電車が参ります。

**【問い】** 下線部を敬語に直しなさい。(答えは p.48)

A：いつ日本へ①来ましたか。
B：去年の 10 月に②来ました。
A：いつまで日本に③いますか。
B：来年の 9 月まで④います。

p.43 の答え：Ⅰ－①a　②b　③a　④a　⑤b　Ⅱ－⑥4→1→3→2　⑦3→4→2→1

第2週
7日目

## がんばってごらん！

月　日（　）

# まとめの問題

制限時間：20分
1問4点×25問
答えはp.48、解説は別冊p.7～8

点数　／100

**問題1** つぎの文の（　　）に入れるのに最もよいものを、1・2・3・4から一つえらびなさい。

**1** このクラブには大人（　　）入れません。

1　というか　　2　によって　　3　ばかり　　4　だけしか

**2** 祖父は私の名前を間違えて（　　）います。

1　ばかり　　2　さえ　　3　こそ　　4　だけ

**3** 商品に（　　）お問い合わせはこちらにどうぞ。

1　よれば　　2　ついて　　3　関する　　4　さえ

**4** （　　）ことは知っていたが、－40℃とは驚いた。

1　寒さ　　2　寒み　　3　寒く　　4　寒い

**5** 彼女はお茶（　　）入れたことがないのだから、料理なんてできないでしょう。

1　だけ　　2　ばかり　　3　さえ　　4　こそ

**6** 野球やサッカーを見る（　　）好きです。

1　のを　　2　のが　　3　のに　　4　ので

**7** よくかんでゆっくり（　　）ように医者に言われた。

1　食べる　　2　食べ　　3　食べて　　4　食べろ

**8** だまっていないで、言いたいことを言って（　　）。

1　ないと　　2　させて　　3　ごらん　　4　ちゃって

**9** この洗濯機のいい点は音の（　　）。

1　静かさだ　　2　静かみだ　　3　静からしい　　4　静かっぽい

**10** 管理人さん、上の階の人に夜遅く騒がない（　　）ください。

1　ようにして　　2　ようになって　　3　ように言って　　4　ようとしないで

**11** 色は青が好きです。青（　　　）深みのある青です。

1　といっても　　2　というより　　3　といえば　　4　というと

**12** 注意書き（　　　）、この薬を飲むと眠くなるらしい。

1　によって　　2　によれば　　3　による　　4　について

**13** この事故（じこ）（　　　）影響（えいきょう）で、各線（かくせん）に遅（おく）れが出ています。

1　によって　　2　によれば　　3　により　　4　による

**14** 明日のことは、明日にならないとわからない。（　　　）、生きている意味があるのかもしれない。

1　わかるものの　　2　わかるものだから

3　わからないからこそ　　4　わからないものなら

**15** 客　「すみません、お願（ねが）いします。」
店員「はい、すぐ（　　　）。」

1　いらっしゃいます　　2　おります

3　参（まい）ります　　4　いらっしゃいませ

**問題2** つぎの文の ＿★＿ に入る最もよいものを、１・２・３・４から一つえらびなさい。

**16** 先生たちのなかで、フランス語が ＿＿ ＿＿ ＿★＿ ＿＿ いません。

1　一人　　2　しか　　3　人は　　4　話せる

**17** 彼がUFOを ＿＿ ＿＿ ＿★＿ ＿＿ うそだった。

1　という　　2　見た　　3　は　　4　の

**18** 学生たちに辞書（じしょ）を ＿＿ ＿＿ ＿★＿ ＿＿ 忘れました。

1　のを　　2　ように　　3　持ってくる　　4　言う

**19** 夜遅く大きい ＿＿ ＿＿ ＿★＿ ＿＿ と注意された。

1　テレビを　　2　見ないで　　3　くれ　　4　音で

**20** この地震（じしん） ＿＿ ＿＿ ＿★＿ ＿＿ はありません。

1　心配　　2　つなみの　　3　よる　　4　に

**問題3** つぎの文章(ぶんしょう)を読んで、[21]から[25]の中に入る最もよいものを、1・2・3・4から一つえらびなさい。

犬[ 21 ]世話(せわ)がめんどうなだけだと思う人がいるかもしれないが、[ 22 ]。犬も仕事ができる。仕事[ 23 ]新聞を持ってくるとか簡単(かんたん)なもので、仕事[ 24 ]遊びのように思われるだろうか。確かに、ふつうの犬はそうだが、目や耳の不自由な人を助ける[ 25 ]本当の仕事ができる、すごい犬もいるのである。

[21] 1 によれば　2 という　3 というより　4 というと

[22] 1 そんなことはない　2 そのとおりらしい
3 そうだろうと思う　4 そのように聞いた

[23] 1 といっても　2 さえ　3 だけしか　4 によって

[24] 1 ばかり　2 というより　3 こそ　4 について

[25] 1 のこと　2 という　3 ばかり　4 といっても

復習＋敬語（p.44～45）の答え：
[1日目] a　[2日目] b　[3日目] b　[4日目] c　[5日目] b　[6日目] a. A　b. C　c. B
[敬語] ①**いらっしゃいましたか**　②**参りました**　③**いらっしゃいますか**　④**おります**

まとめの問題（p.46～48）の答え：
問題1　[1]4　[2]1　[3]3　[4]4　[5]3　[6]2　[7]1　[8]3　[9]1　[10]3
[11]1　[12]2　[13]4　[14]3　[15]3
問題2　[16]1（4→3→1→2）　[17]4（2→1→4→3）　[18]4（3→2→4→1）
[19]2（4→1→2→3）　[20]2（4→3→2→1）
問題3　[21]4　[22]1　[23]1　[24]2　[25]2

# 第(だい)3週(しゅう)

# もっとがんばってほしい！

I would like you to try harder!
希望你能更加努力！
좀더 열심히 했으면 좋겠다！

## 今週(こんしゅう)の表現(ひょうげん)

### 1日目

- 調(しら)べ**ても**わからなかった
- **どんなに**練習(れんしゅう)し**ても**
- 辞書(じしょ)を使(つか)わ**ずに**

### 2日目

- 日本代表(にほんだいひょう)**として**
- 外国人(がいこくじん)**にしては**
- 100円(えん)**にしても**
- 本当(ほんとう)だ**としたら**

### 3日目

- 行(い)く**つもりでした**
- 家(いえ)にいない**はずだ**
- 守(まも)る**べきだ**
- よく遊(あそ)ん**だものだ**

### 4日目

- 散歩(さんぽ)の**ついでに**
- 買(か)い物(もの)の**たびに**
- 開(あ)け**たとたん**
- 食事(しょくじ)の**最中(さいちゅう)に**

### 5日目

- 地図(ちず)の**とおり**
- テレビをつけた**まま**
- 開(あ)け**っぱなし**
- 二人(ふたり)**きり**

### 6日目

- 怖(こわ)**がらないで**
- 見(み)せ**てほしい**
- 知(し)っている**ふりをする**

第3週
1日目

# もっとがんばってほしい！

No.13

学習日　月　日（　）

# いくら安くても

## 41　調べてもわからなかった

| Vても<br>Aくても<br>na/Nでも |
|---|

調べてもわからなかったので、先生に聞いた。
（＝調べたけれども）
I couldn't understand it even after looking it up, so I asked the teacher.
调查了也不明白，所以就问老师了。 조사해도 몰랐기 때문에 선생님에게 물었다 .

必要なので、高くても買います。（＝高い場合も）
I need it so I'll buy it even if it's expensive.　因为需要，就算是贵也要买。 필요하기 때문에 비싸도 삽니다 .

A「すみません。黒は売り切れました。」
B「黒じゃなくてもかまいませんよ。」（＝黒じゃない場合も）
"Sorry. The black ones are all sold out." "I don't mind if it is not black."
"对不起，黑色的卖没了。" "不是黑的也没关系。" "미안합니다 . 검정색은 다 팔렸습니다 ." "검정색이 아니어도 상관이 없어요 ."

## 42　どんなに練習しても

| どんなに<br>いくら | Vても<br>Aくても<br>naでも<br>Nでも |
|---|---|

れい　どんなにお酒が好きでも
いくら社長でも
だれが～ても
どんな～ても／どう～ても
いつ～ても／何を～ても

ギターを習い始めたが、どんなに練習しても全然うまくならない。（＝何回も練習したけれど）
I've started taking guitar lessons but I'm not getting any better no matter how much I practice.
开始学吉他了，但不论怎么练习，一点儿都没长进。
기타를 배우기 시작했지만 아무리 연습해도 전혀 잘하게 되지 않는다 .

私はいくらお酒を飲んでも顔色が変わらない。
（＝お酒をたくさん飲んだ場合も）
My face doesn't go red no matter how much I drink.
我不论喝多少酒，脸色都不会变。 나는 아무리 술을 마셔도 얼굴색이 변하지 않는다 .

私はどんなに暑くても寝るときはクーラーを消して寝ます。（＝とても暑いときも）
No matter how hot it is when I go to bed, I turn off the air conditioner.
我睡觉的时候，无论多热都会把空调关掉再睡。 나는 아무리 더워도 잘 때는 에어컨을 끄고 잡니다 .

# 43 辞書を使わずに

辞書を使わずに書いたので、自信がありません。（＝使わないで）
I do not have much confidence since I wrote it without using a dictionary.
因为写时没用词典，所以没有自信。 사전을 사용하지 않고 썼기 때문에 자신이 없습니다 .

昨夜、歯をみがかずに寝てしまった。（＝みがかないで）
I went to bed without brushing my teeth last night.
昨晚没刷牙就睡了。 어젯밤 , 이를 닦지 않고 자 버렸다 .

> V~~ない~~ずに
> ❗ しないで→せずに
> ダメ しずに

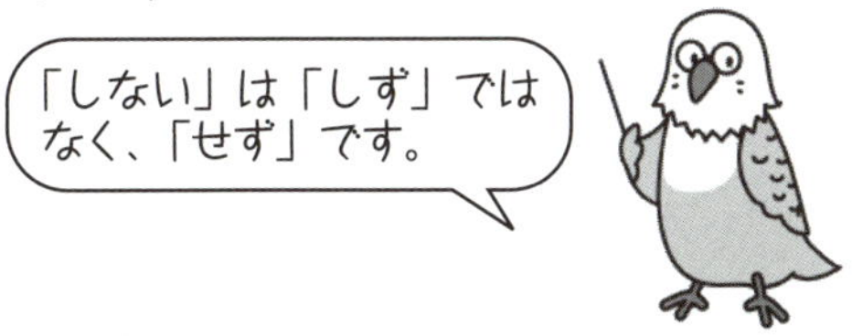


**れんしゅう I** 正しいほうに○をつけなさい。

① 田中さんの部屋は、（a. いつ　b. いくら）行っても片づいている。

② 家族に相談（a. しずに　b. せずに）留学を決めた。

③ （a. 便利　b. 便利な）でも、私は電子レンジはほとんど使いません。

④ そのマラソンランナー※は、（a. どうに　b. どんなに）苦しくてもあきらめませんでした。

※マラソンランナー：Marathon runner　马拉松选手　마라톤 주자

⑤ 約束の時間に来なければ、（a. 待たずに　b. 待ちずに）出発します。

**れんしゅう II** 下の語を並べ替えて正しい文を作りなさい。＿＿に数字を書きなさい。

⑥ 彼女の ＿＿ ＿＿ ＿＿ ＿＿ おかしい。

1　ことは　　2　言っている　　3　考えても　　4　どう

⑦ 健康のため、＿＿ ＿＿ ＿＿ ＿＿ しています。

1　ように　　2　歩く　　3　乗らずに　　4　車に

▶答えは p.53、正しい文の訳は別冊 p.8

**左ページ上の訳**

"I don't care how cheap it is. I don't want to buy it." "Everyone leaves without buying anything. Why?"
"就算再便宜，也不想买。" "大家什么都不买就回去了。为什么呢？"
"아무리 싸도 사고 싶지 않다 ." "모두 아무것도 사지 않고 돌아가 버린다 . 왜일까 ?"

## もっとがんばってほしい！

🔊 No.14

# それにしては

学習日　　月　　日（　）

## 44　日本代表として

彼は外国人だが、日本代表として試合に出る。
（＝日本代表という立場で）

He is a foreigner, but he participates in games as a representative of Japan.
他虽然是外国人，但却代表日本参赛。　그는 외국인이지만, 일본 대표로서 시합에 나간다.

彼女は女性としても俳優としても最高だが、妻としてはどうだろう。（＝妻という立場では）

As a woman and as an actress, she is the best, but as a wife, I wonder.
她作为一位女性和演员都很棒，作为妻子怎么样呢？　그녀는 여성으로서도 여배우로서도 최고지만, 아내로서는 어떨까?

Nと ┬ して
　　├ しては
　　├ しても
　　└ しての N

## 45　外国人にしては

外国人にしては日本語が上手だ。（＝外国人とは思えないくらい）
For a foreigner, his Japanese is very good. 作为外国人，日语可真棒。　외국인치고는 일본어를 잘한다.

初めてにしては、よくできました。（＝初めてだとは思えないくらい）
You did well considering it was your first time.
虽然是第一次，但做得很好了。　처음치고는 잘 했습니다.

洗ったの？　それにしてはきれいじゃないね。
（＝洗ったにしては／洗ったとは思えないくらい）
You washed it? It doesn't look like it's clean. 已经洗了？不过可不怎么干净啊。　씻었어? 그런 것치고는 깨끗하지 않은데.

V/A/na/N普に ┐
❗ naだに　　 ├ しては
　Nだに　　　┘
それにしては

◆意外な気持ち
An unexpected feeling.
出乎意料的心情。
의외의 기분.

## 46　100円にしても

これは、100円にしても高いと思う。（＝100円であっても）
Even 100 yen is too expensive.
这个，就算是100日元，我也觉得贵。　그것은 100 엔치고는 비싸다고 생각한다.

遅れるとは聞いていたけど、それにしても田中さん、遅いね。
（＝それはわかっているが、それでも）
I've heard that Tanaka-san was coming late but he is really late.
听说了田中要晚到些，即便如此，也未免太迟了啊。　늦는다고는 들었지만, 그래도 다나카 씨, 너무 늦네.

V/A/na/N普に ┐
❗ naだに　　 ├ しても
　Nだに　　　┘
それにしても

## 47 本当だとしたら

その話が本当だとしたら、うれしいです。（＝本当なら）

If that's true, I'm so happy.

如果那事是真的，我就太高兴了。 그 말이 정말이라면，기쁩니다．

N/na/A/V普と［したら／すれば］

飛行機で行くとしたら、いくらぐらいかかりますか。（＝行く場合は）

If we go by airplane, how much would it cost?

如果坐飞机去，大约要花多少钱？ 비행기로 간다면 얼마정도 걸립니까？

**れんしゅう I 正しいほうに○をつけなさい。**

① 彼は日本に来たことがない（a. にしては　b. にしても）、日本をよく知っている。

② 友人（a. としたら　b. として）、あなたにアドバイスしたいことがあります。

③ この時間の電車はいつも混んでいるが、（a. それにしても　b. それにしては）混みすぎている。何かあったのだろうか。

④ 日本に来なかった（a. としたら　b. とする）、アメリカに行っていたと思う。

⑤ お菓子は、会社などへのお土産（a. にして　b. として）最適です。

**れんしゅう II 下の語を並べ替えて正しい文を作りなさい。＿＿に数字を書きなさい。**

⑥ 本当にそんな ＿＿ ＿＿ ＿＿ ＿＿ 理由は何だろう。

1 彼が　2 としたら　3 した　4 ことを

⑦ ペットを飼うなら、＿＿ ＿＿ ＿＿ ＿＿ 持ってほしい。

1 責任を　2 として　3 飼い主　4 の

▶答えは p.55、正しい文の訳は別冊 p.8 ～ 9

**左ページ上の訳**

"Isn't it a dog?" "It is too big, considering. A bear? If it's a bear, we're in trouble."

"是不是狗？" "如果说是狗的话，那也太大了。…熊？ …如果是熊，那就麻烦了！"

"개 아냐 ?" "그것 치고는 너무 크다 ....곰 ? ...곰이라면 큰일이다 !"

p.51 の答え： I－①a ②b ③a ④b ⑤a　II－⑥2→1→4→3 ⑦4→3→2→1

第3週 3日目

# もっとがんばってほしい！

No.15

学習日　　月　　日(　)

## 勉強するつもりでしたが…

テレビは消すべきだ。
明日のテストはできないはずだ。

## 48　行くつもりでした

昨日は買い物に行くつもりでしたが、頭が痛かったのでずっと家にいました。（＝行く予定でした）

I was planning to go shopping yesterday but I stayed home all day because of a headache.
昨天本来打算去买东西，但因为头疼，一直呆在家里。　어제는 쇼핑하러 갈 예정이었습니다만, 머리가 아파서 쭉 집에 있었습니다.

Vる / Vない ］ つもりだった

お菓子を食べないつもりでしたが、つい食べてしまいました。
（＝食べないと決めていました）

I was not going to eat sweets but I heedlessly ate them.
本来打算不吃点心，但还是忍不住吃了。　이 과자를 먹지 않을 예정이었습니다만, 저도 모르게 먹어 버렸습니다.

## 49　家にいないはずだ

田中さんは今、旅行中だから、家にいないはずだ。
（＝きっといないと思う）

Tanaka-san can't be home as he is travelling now.
田中现在正在旅游，应该没在家。　다나카 씨는 지금 여행중이니까 집에 없을 것이다.

V/A/na/N普 ］ はずだ / はずがない
❗ naだな
❗ Nだの
◆「はずがない」は強い否定

まじめな田中さんが、無断で休むはずがない。
（＝絶対に休まないと思う）

Tanaka-san is a very honest person, so he would not take leave without informing us.
认真的田中，不可能无故休息。　성실한 다나카 씨가 무단으로 쉴 리가 없다.

## 50　守るべきだ

約束は守るべきだ。（＝守らなければならない）

Promises should be kept.　约定是要遵守的。　약속은 지켜야 한다.

Vる / naである / Aくある ］ べきだ / べきではない
❗ すべき＝するべきだ

おもちゃは、まず安全であるべきだ。（＝安全でなければならない）

Safety comes first for toys.　玩具首先要安全。　장난감은, 우선 안전해야 한다.

# 51　よく遊んだものだ

子どものころはよく川で遊んだものだ。（＝よく遊んだなあ）
When I was a child, I used to play on the river.
我记得小时候常在河里玩。　어릴 때는 자주 냇가에서 놀았다.

学生時代は毎日図書館へ通ったものだ。（＝通ったなあ）
When I was a student, I used to go to the library everyday.
我记得学生时代每天都去图书馆。　학생 때는 매일 도서관에 다녔다.

Vた／Vなかった ＋ ものだ／もんだ

◆思い出している
Expressing memories.
在回忆。 생각해 내고 있다.

**れんしゅうⅠ** 正しいほうに○をつけなさい。

① 前はよくコンサートに（a. 行くものだった　b. 行ったものだ）。

② 人の迷惑になることを（a. すべきではない　b. しないべきだ）。

③ 手紙をポストに入れるつもり（a. ましたが　b. でしたが）、忘れました。

④ 田中さんはいつもチョコレートを食べていますから、（a. きらいの　b. きらいな）はずがありません。

⑤ 小学校の先生は、まず子どもが（a. 好きな　b. 好きである）べきだと私は思います。

**れんしゅうⅡ** 下の語を並べ替えて正しい文を作りなさい。＿＿に数字を書きなさい。

⑥ 昔は私が ＿＿ ＿＿ ＿＿ ＿＿、今は反対です。

1　しかられた　　2　もの　　3　父に　　4　ですが

⑦ 用事があったので、パーティーには ＿＿ ＿＿ ＿＿ ＿＿ ようになりました。

1　つもり　　2　行ける　　3　行かない　　4　でしたが

▶答えは p.57、正しい文の訳は別冊 p.9

**左ページ上の訳**

"I was planning to study ..." — You should turn off the TV. You'll never get good marks on the test tomorrow.
"本来打算学习的…" — 应该关掉电视。明天的考试肯定不会。
"공부 할 예정이었습니다만..." — 텔레비전은 당연히 꺼야 한다. 내일 시험은 잘 볼 수 없을 것이다.

p.53 の答え：　Ⅰ－①a　②b　③a　④a　⑤b　　Ⅱ－⑥4→1→3→2　⑦3→2→4→1

## もっとがんばってほしい！

🔊No.16

# 会うたびに

学習日　　月　　日（　）

## 52　散歩のついでに

散歩のついでに、この手紙を出してきてくれませんか。
（＝散歩に行くなら、そのとき）

Since you are going for a walk, will you mail this letter for me?
散步时，顺便帮我把这封信寄了好吗？　산책하는 김에, 이 편지를 보내 주지 않겠습니까?

郵便局へ行ったついでに、はがきを買ってきた。（＝行く用事があったので、そのとき）
Since I was at the post office, I bought a postcard.　去邮局时，顺便买了明信片回来。　우체국에 간 김에 엽서를 사 왔다.

> Nの／Vる/Vた　ついでに

## 53　買い物のたびに

母は買い物のたびに、タクシーに乗る。（＝買い物のとき、いつも）
My mother takes a taxi every time she goes shopping.
我妈每次购物时都会打车。　엄마는 쇼핑 갈 때마다 택시를 탄다.

この曲を聞くたびに、ふるさとを思い出す。（＝聞くとき、いつも）
Every time I hear this song, it reminds me of my hometown.
每次听到这首曲子，都想起我的家乡。　이 곡을 들을 때마다 고향을 떠올린다.

> Nの／Vる／Vる。その　たびに／たび

## 54　開けたとたん

窓を開けたとたん、強い風が入ってきた。（＝開けると同時に）
The moment I opened the window, a strong wind came in.
刚打开窗户，就刮进来一阵大风。　창을 열자마자, 강한 바람이 불어왔다.

お酒を飲んだとたん、顔が赤くなった。（＝飲んだらすぐに）
As soon as I drank the alcohol, my face turned red.
刚喝了一口酒，脸就红了。　술을 마시자마자, 얼굴이 빨개졌다.

> Vた　とたん／とたんに
> Vた。そのとたん　～
>
> ダメ　駅に着いたとたん電話します。/電話してください。

# 55 食事の最中に

食事の**最中に**、お客さんが来た。（＝食事しているちょうどそのとき）

A visitor came right in the middle of the meal.　正吃饭时，客人来了。　한창 식사 중에 손님이 왔다.

| | |
|---|---|
| Nの<br>Vている | 最中に<br>最中だ |

会議をしている**最中に**、携帯電話が鳴った。

（＝会議をしているちょうどそのとき）

My mobile phone rang right in the middle of the meeting.

正开会时，手机的铃声响了。　한창 회의를 하고 있는 중에 , 휴대전화가 울렸다 .

**れんしゅうⅠ 正しいほうに○をつけなさい。**

① 電話で（a. 話す　b. 話している）最中に、インターホンが鳴った。

② お子さん、会う（a. ついでに　b. たびに）大きくなられますね。

③（a. 立ち上がった　b. 立ち上がる）とたんに、目まいがした。

④ お隣の人は、旅行の（a. たびに　b. ついでに）お土産を買ってきてくれます。

⑤ 明日、出かける（a. ついでに　b. たびに）忘れ物を届けますよ。

**れんしゅうⅡ 下の語を並べ替えて正しい文を作りなさい。＿＿に数字を書きなさい。**

⑥ 彼女の声が出なくなってしまったのは ＿＿ ＿＿ ＿＿ ＿＿ でした。

1　いる　　2　歌って　　3　テレビ番組で　　4　最中

⑦ A「この時計、電池が切れちゃったみたい。」

B「そう。郵便局へ行く ＿＿ ＿＿ ＿＿ ＿＿ よ。」

1　あげる　　2　コンビニで買って　　3　きて　　4　ついでに

▶答えは p.59、正しい文の訳は別冊 p.10

**左ページ上の訳**

"Will you do me a favor if you are going out?" "She asks me a favor every time I see her."

"出去吗?　顺便帮个忙。" "每次见面都有求于我。"

"나가는 거? 가는 김에 , 이것 , 부탁해 ." "만날 때마다 일을 부탁받는다 ."

p.55 の答え：Ⅰ－①b　②a　③b　④b　⑤b　Ⅱ－⑥3→1→2→4　⑦3→1→4→2

# もっとがんばってほしい！

🔊 No.17

学習日　月　日(　)

## 一人っきり

一人っきりのお正月

二人っきりのお正月

## 56 地図のとおり

友達がかいてくれた**地図のとおり**に来たが、道に迷った。
(＝地図と同じように)
I got lost even though I followed the map my friend drew for me.
按照朋友给我画的地图来的，却迷路了。친구가 써 준 지도대로 왔지만, 길을 잃었다.

雪が降ってきた。**予報どおり**だ。(＝予報と事実が同じだ)
It's started snowing. The weather forecast was right.
下雪了。和天气预报说的一样。 눈이 내리기 시작했다. (일기) 예보대로이다.

先生が**言ったとおり**、試験は難しかった。(＝言ったことと事実が同じで)
As the teacher said, the exam was tough. 正如老师所说的，考试很难。 선생님이 말한 대로 시험은 어려웠다.

> Vる / Vた / Nの　→　とおり
> Nどおり

## 57 テレビをつけたまま

昨夜は、テレビを**つけたまま**寝てしまった。(＝ついている状態で)
I fell asleep with the TV on.
昨天晚上开着电视睡着了。 어젯밤은 텔레비전을 켠 채로 자버렸다.

この野菜は、**生のまま**で食べてもおいしいですよ。(＝生の状態で)
This vegetable tastes good raw.
这种蔬菜，直接生着吃也好吃。 이 채소는 생으로 먹어도 맛있어요.

> Vた/Vない / A/na/N普 / ❗ na~~だ~~な / ❗ N~~だ~~の　→　まま
> ダメ Vるまま

## 58 開けっぱなし

窓を**開けっぱなし**で出てきた。
(＝窓が開いている状態で／窓を開けたままで)
I left home with the windows open. 开着窗户就出去了。 창문을 연 채로 나왔다.

水を**出しっぱなし**にしないでください。(＝出したままの状態に)
Please don't leave the water running. 不要一直开着水龙头。 물을 튼 채로 두지 말아 주세요.

> V~~ます~~っぱなし

# 59 二人きり

二人(っ)きりで話をしたいです。(＝二人だけで)
I'd like to have a private talk with you. 想两人单独谈谈。 둘만이서 이야기하고 싶습니다.

彼に会ったのは1回(っ)きりです。(＝1回だけ)
I've met him only once. 只和他见过一次。 그와 만난 것은 한 번뿐입니다.

N ┌ きり / きりだ / っきり / っきりだ

◆N：少ない数量を表すことば
れい 一人(っ)きり
一度(っ)きり

**れんしゅうⅠ** 正しいほうに○をつけなさい。

① 私が今から（a. 言う　b. 言った）とおりに書いてください。

② どうぞ靴の（a. きり　b. まま）、お入りください。

③ テレビがつけっ（a. ぱなし　b. まま）ですよ。見ないときは消してください。

④ 一度（a. きり　b. とおり）の人生を大切に生きよう。

⑤ 妹は電気を（a. つける　b. つけた）まま寝ます。

**れんしゅうⅡ** 下の語を並べ替えて正しい文を作りなさい。＿＿に数字を書きなさい。

⑥ 服を ＿＿ ＿＿ ＿＿ ＿＿ なさい。

1　しないで　　2　脱ぎ　　3　片付け　　4　っぱなしに

⑦ 日本は ＿＿ ＿＿ ＿＿ ＿＿ 国でしたか。

1　とおりの　　2　書いて　　3　ガイドブックに　　4　あった

▶答えはp.61、正しい文の訳は別冊p.10

**左ページ上の訳**

The New Year on your own – "Oh, I'm so lonely." The New Year only with your partner – "What fun!"
"好寂寞呀。" "真是开心！"
"외롭구나..." "즐겁다！"

p.57の答え： Ⅰ－①b　②b　③a　④a　⑤a　Ⅱ－⑥3→2→1→4　⑦4→2→3→1

もっとがんばってほしい！ No.18

# 教えてほしい

学習日　　月　　日（　）

## 60 怖がらないで

**怖がらないで**ください。（＝怖いと思わないで）
Please don't be afraid. 请不要害怕。 무서워하지 말아 주세요.

**恥ずかしがらないで**、前に出てきてください。
（＝恥ずかしいと思わないで）
Please don't be shy and come up here.
请不要害怕，到前面来。 부끄러워 하지 말고 앞으로 나와 주세요.

田中さんが、あなたに**会いたがって**いましたよ。
（＝会いたいと言って）
Tanaka-san said he'd like to see you.
田中想见你。 다나카 씨가 당신을 만나고 싶어했어요.

A~~い~~ / na / Vた~~い~~ ＋ がる／がって／がらないで

れい　痛がる／怖がる
欲しがる／寂しがる
残念がる／得意がる
見たがる／食べたがる

ダメ　私は帰りたがっている。
→（私は）帰りたい。

もっと！
**寒がり**
being sensitive to the cold
怕冷
추위를 잘 타는 사람

**暑がり**
being sensitive to the heat
怕热
더위를 잘 타는 사람

**怖がり**
being easily frightened
容易害怕
무서움을 잘 타는 사람

## 61 見せてほしい

あのう、教科書を見せ**てほしい**んですが……。
Excuse me. Could I see your textbook?
不好意思，请给我看看教材⋯ 저, 교과서를 보여주셨으면 합니다만⋯

あなたに教え**てもらいたい**ことがあります。
I have something I would like you to explain to me.
有事想跟你请教。 당신에게 배우고 싶은 일이 있습니다.

Vて / Vないで ＋ ほしい／もらいたい

れい　教科書を見せてもらいたいんだけど…
教えてほしいことがあります
見せてほしいものがあるんだけど…

# 62 知っているふりをする

| | |
|---|---|
| V/A/na/N㊥<br>❗ na~~だ~~な<br>N~~だ~~の | ふりをする |

彼はそのことについて知っている**ふりをしている**が、本当は知らないと思う。（＝知っていると見せている）

He pretends to know about it but I don't think he really does.
关于那件事他装作知道，实际上我觉得他不知道。
그 사람은 그 일에 대해 아는 체를 하지만，사실은 모른다고 생각한다.

田中さんは独身の**ふりをしている**が、結婚していて3人も子どもがいる。（＝独身だと見せている）

Tanaka-san pretends to be single but in fact he is married with three kids.
田中装作单身的样子，实际上已经结婚，都有３个孩子了。
다나까 씨는 독신인척하지만 결혼도 했고 아이도 세명이나 있다.

**れんしゅう Ⅰ 正しいほうに○をつけなさい。**

① 兄は来られなくて、とても（a. 残念　b. 残念な）がっていました。

② セールスの電話がかかってきたので、（a. 病気　b. 病気の）ふりをして切りました。

③ 多くの人にこの商品を（a. 使い　b. 使って）もらいたい。

④ 国へ帰っても、日本語を（a. 忘れないで　b. 忘れなくて）ほしい。

⑤ 両親が（a. さびし　b. さびしい）がっているので、春休みに国へ帰ります。

**れんしゅう Ⅱ 下の語を並べ替えて正しい文を作りなさい。＿＿に数字を書きなさい。**

⑥ できるかどうか ＿＿ ＿＿ ＿＿ ＿＿ もらいたい。

1 期待　2 ないので　3 自信が　4 しないで

⑦ あなたが ＿＿ ＿＿ ＿＿ ＿＿ ありましたよ。

1 いる　2 会いたがって　3 連絡が　4 人から

▶答えは p.63、正しい文の訳は別冊 p.10 ～ 11

**左ページ上の訳**

"I gave the impression that I understood but I didn't really so I would like you to explain it to me."
"我装作知道，但实际上不太懂，所以希望能告诉我。"
"아는 척을 하고 있었지만，사실은 잘 모르니까 가르쳐 주십시오."

p.59 の答え： Ⅰ－① a　② b　③ a　④ a　⑤ b　Ⅱ－⑥ 2→4→1→3　⑦ 3→2→4→1

# 第3週 7日目

## もっとがんばってほしい！

# 復習＋敬語

学習日　　月　　日（　）

Q　絵を見てそれぞれの質問に答えましょう。（答えは p.66）

## 1日目

▶p.50～51

Aの気持ちはどれ？

a もっと安ければ買いたい
b だれも買わないから買いたくない
c もっと安くても買いたくない

## 2日目

▶p.52～53

「それにしては」とは？

a 犬としては
b クマとしては
c 犬みたいに

## 3日目

▶p.54～55

テレビは消すべきだ。
明日のテストはできないはずだ。

「勉強するつもりでした」とは？

a 勉強しようとしない
b 勉強する予定だった
c 勉強する気がない

## 4日目

▶p.56～57

**正しいのは？**

a Bが出かけようとすると、いつもAに用事を頼まれる
b BはAに用事を頼まれたので出かける
c Aが用事を頼んでいる最中にBは出かけた

## 5日目

▶p.58～59

**「一人っきり」とは？**

a 一人さえいない
b 一人ばかりだ
c 一人だけしかいない

## 6日目

▶p.60～61

**AとB、だれのこと？**

a わからないのは？
b 教えるのは？

### 敬語　店で①…お／ご～する、お／ご～になる、お～ください

✤（私はあなたのために）**お／ご V~~ます~~する**
✤（あなたは）**お／ご V~~ます~~になる　お V~~ます~~ください**

店員：いま、案内しますので、こちらでかけて待ってください。
　　　→ただいま、**ご**案内し**ます**。**おかけになって お待ちください**。

**【問い】** 下線部を敬語に直しなさい。（答えは p.66）

店員：メニューを①持ってきました。注文が②決まったら、③呼んでください。

p.61の答え：Ⅰ－①a　②b　③b　④a　⑤a　Ⅱ－⑥3→2→1→4　⑦2→1→4→3

第3週 7日目

もっとがんばってほしい！　　月　　日（　）

# まとめの問題（もんだい）

制限時間（せいげんじかん）：20分（ぷん）
1問（もん）4点（てん）× 25問（もん）
答（こた）えはp.66、解説（かいせつ）は別冊（べっさつ）p.11～12

点数（てんすう）　／100

**問題1** つぎの文の（　　）に入れるのに最もよいものを、1・2・3・4から一つえらびなさい。

**1** あの子の靴（くつ）、歩く（　　）音がしてかわいいですね。

1 たびに　2 ついでに　3 とおりに　4 まま

**2** 今、ちょっと手がはなせないので、後（あと）にして（　　）んですが。

1 もらえたい　2 くれたい　3 もらいたい　4 くれない

**3** 一度もやったことがない（　　）、上手にできますね。

1 にしては　2 はずで　3 とおり　4 というより

**4** 旅行なんて今は無理（むり）です。（　　）、お金を貯（た）めてからです。

1 行くと　2 行けば　3 行ったら　4 行くとしたら

**5** 箱（はこ）を開けた（　　）、中からゴキブリが出てきた。

1 あまり　2 ことに　3 とたん　4 あげく

**6** 先生が黒板（こくばん）に書く字はていねい（　　）。

1 であるべきだ　2 でないものだ　3 なつもりだ　4 なはずがない

**7** あの人の名前は何度（　　）覚（おぼ）えられない。

1 聞いたら　2 聞いても　3 聞いては　4 聞けば

**8** 昔は海岸（かいがん）の近くに住んでいた。それで、よく貝（かい）を拾（ひろ）ったり（　　）。

1 したいものだ　2 したほどだ　3 しないわけだ　4 したものだ

**9** 雨の中を、彼（かれ）は傘（かさ）を（　　）歩いている。

1 せずに　2 さしずに　3 しずに　4 ささずに

**10** 彼（かれ）はシャワーを浴（あ）びた（　　）シャツも洗った。

1 ついでに　2 たびに　3 きり　4 とおりに

**11** 友人（　　　）、あなたに注意したい。

1　にとって　　2　として　　3　としたら　　4　にしたら

**12** 駅（えき）のトイレに荷物（にもつ）を（　　　）まま出てきてしまった。

1　置（お）き　　2　置いて　　3　置く　　4　置いた

**13** 大変だ。台所のガスの火が（　　　）っぱなしだ。

1　つけ　　2　つけた　　3　ついた　　4　つけて

**14** どうぞ、お（　　　）ください。お疲（つか）れになったでしょう。お荷物（にもつ）をお持ちしましょう。

1　入り　　2　入られ　　3　入られて　　4　入って

**15** 彼（かれ）なら、昨日国へ帰ったから、いま日本には（　　　）。

1　いるはずだ　　2　いるはずじゃない

3　いないはずがない　　4　いないはずだ

## 問題2　つぎの文の＿★＿に入る最もよいものを、１・２・３・４から一つえらびなさい。

**16** 知らないはずがない。彼（かれ）は ＿＿ ＿＿ ＿★＿ ＿＿ 。

1　知らない　　2　だけだ　　3　している　　4　ふりを

**17** 朝まで ＿＿ ＿＿ ＿★＿ ＿＿ 寝てしまった。

1　勉強する　　2　つもり　　3　寝ずに　　4　だったのに

**18** 数を ＿＿ ＿＿ ＿★＿ ＿＿ ください。

1　いる　　2　数えて　　3　話しかけないで　　4　最中に

**19** 教えて ＿＿ ＿＿ ＿★＿ ＿＿ なのに、うまくできなかった。

1　はず　　2　とおりに　　3　作った　　4　もらった

**20** 子どもたちが大きくなって家を出て、今は ＿＿ ＿＿ ＿★＿ ＿＿ 暮（く）らしている。

1　夫婦（ふうふ）　　2　きりで　　3　私たち　　4　二人

**問題3** つぎの文章(ぶんしょう)を読んで、21から25の中に入る最もよいものを、1・2・3・4から一つえらびなさい。

最近、妻(つま)は交差点を渡(わた)るのを[21]ようになった。止まる[22]ところで止まらない車が多くなったからだ。

そして、私は車を運転する[23]怒(おこ)るようになった。曲(ま)がるときの合図(あいず)が遅い車が増(ふ)えたからだ。合図を[24]曲がるので、後ろの車はよく注意していないと危(あぶ)ない。何のための合図なのかわからない。車を運転する人はルールやマナーをきちんと[25]。

| | | | | |
|---|---|---|---|---|
| 21 | 1 怖(こわ)がらない | 2 怖がる | 3 怖がらせる | 4 怖くない |
| 22 | 1 べき | 2 つもり | 3 はず | 4 とおり |
| 23 | 1 たびに | 2 とおりに | 3 とたんに | 4 ついでに |
| 24 | 1 しっぱなしで | 2 したきり | 3 したとたんに | 4 するたびに |
| 25 | 1 守ってほしい | | 2 守らないでほしい | |
| | 3 守るはずだ | | 4 守るつもりだ | |

復習＋敬語（p.62～63）の答え：
1日目 c 2日目 a 3日目 b 4日目 a 5日目 c 6日目 a. B b. A
敬語 ①お持ちしました ②お決まりになりましたら ③お呼びください

まとめの問題（p.64～66）の答え：
問題1 1 1 2 3 3 1 4 4 5 3 6 1 7 2 8 4 9 4 10 1
11 2 12 4 13 1 14 1 15 4
問題2 16 3（1→4→3→2） 17 2（3→1→2→4） 18 4（2→1→4→3）
19 3（4→2→3→1） 20 4（3→1→4→2）
問題3 21 2 22 1 23 1 24 3 25 1

# 第4週

# がんばるしかない！

I just have to hang in there!
只能努力!
열심히 할 수밖에 없다 !

## 今週の表現

### 1日目

- あなた**にとって**
- 年の**わりには**
- 知っている**くせに**
- お化粧**なんか**

### 2日目

- 先生の**おかげで**
- 遅れた**せいで**
- ビールの**かわりに**
- 部長**にかわって**

### 3日目

- 米粒**くらい**／米粒**ほど**
- 若い人**ほど**
- 知れ**ば**知る**ほど**
- 彼女**くらい**親切な人**はいない**

### 4日目

- あやまる**ことはない**
- 遅れる**ということだ**
- 休む**ことだ**
- **どんなに**うれしい**ことか**

### 5日目

- 来週だ**っけ？**
- やる**しかない**
- 結婚してる**んだって**
- だってまずい**んだもん**

### 6日目

- 父の兄、**つまり**伯父
- 事故があった。**そのため（に）**遅れている。
- 努力した。**その結果**成功した。
- 帰国する。**なぜなら**結婚式に出席するからだ。

第4週 1日目

# がんばるしかない！

No.19

学習日　月　日(　)

## 子どものくせに

### 63　あなたにとって

あなたにとって、いちばん大切なものは何ですか。（＝あなたの場合）

What is the most important thing to you?
对你来说什么东西最重要。　당신에게 있어서 가장 소중한 것은 무엇입니까?

このあたりの人々にとっては、車は必需品です。（＝このあたりの人々には）

For the people around here, cars are a necessity.
对于这一带的人来说，汽车是不可缺少的。　이 부근의 사람들에게 있어서, 차는 필수품입니다.

Nに ［とって／とっては／とっても］

### 64　年のわりには

年のわりには若く見える。（＝その年に思えないくらい）

He looks young for his age.
比起他的年龄，他看起来很年轻。　나이에 비해서는 젊게 보인다.

お金がない（と言っている）わりに、よく買い物をするね。
（＝お金がないと思えないくらい）

Even though you say you have no money, you buy a lot, don't you?
你总说自己没钱，却常常去买东西嘛。　돈이 없다고 말하는 거에 비해 자주 쇼핑하네.

V/A/na/N普 ［わりに／わりには］
❗ Nだの
naだな

◆意外な気持ち
An unexpected feeling.
出乎意料的心情。 의외의 기분.

れい 売れたわりには
そのわりには

### 65　知っているくせに

知っているくせに、教えてくれない。（＝知っているのに）

Even though he knows, he won't tell me.
他知道，却不告诉我。　알고 있으면서, 가르쳐 주지 않는다.

元気なくせに、病気のふりをしている。（＝元気なのに）

Even though he's healthy, he pretends he is sick.
明明很健康，却装病。　건강하면서 아픈 척을 하고 있다.

V/A/na/N普 ［くせに］
❗ Nだの
naだな

◆非難の気持ち
A feeling of blame or criticism.
责怪的心情。 비난하는 마음.

れい 学生のくせに
できないくせに

# 66 お化粧(けしょう)なんか

お化粧(けしょう)なんかしてはいけません。

You must not wear make-up.　不许化妆！　화장같은 건 해서는 안 됩니다.

納豆(なっとう)なんて嫌(きら)いだ。

I really hate natto (fermented soybeans). 不喜欢什么纳豆。 낫또 따위 싫다.

A「泣(な)いてるの？」

B「泣(な)いてなんかいないよ！」

"Are you crying?" "I'm not crying!"
"在哭吗？" "我才没哭呢。"　"울고 있어?" "울고 있는 거 아니야."

日本語(にほんご)でスピーチなどできません。

There is no way that I can give a speech in Japanese.
我可不会什么日语演讲。　일본말로 스피치 같은 거 못해요.

N
na/Nで
Vて
Aく
] なんか / なんて / など

V/A/na/N普／[文(ぶん)]－なんて／など

◆意外(いがい)な気持(きも)ち、否定的(ひていてき)な気持(きも)ちの強調(きょうちょう)

Emphasis of an unexpected feeling or a negative feeling.
强调意外、责怪的心情。
의외라는 생각, 부정적인 마음을 강조.

**れんしゅうⅠ** 正(ただ)しいほうに○をつけなさい。

① これ、安(やす)い（a. くせ　b. わり）にはおいしいね。

② カラオケ（a. なんか　b. にとって）行(い)きたくない。

③ 大人(おとな)の（a. くせ　b. わり）に、そんな計算(けいさん)もできないの？

④ タバコの煙(けむり)やにおいは、吸(す)わない人(ひと)（a. にとっても　b. にとっては）苦痛(くつう)だ。

⑤ 勉強(べんきょう)しなかった（a. わり　b. など）に、今日(きょう)のテストはよくできたと思(おも)う。

**れんしゅうⅡ** 下(した)の語(ご)を並(なら)べ替(か)えて正(ただ)しい文(ぶん)を作(つく)りなさい。＿＿に数字(すうじ)を書(か)きなさい。

⑥ あの学生(がくせい)は、試験(しけん)の成績(せいせき)が ＿＿ ＿＿ ＿＿ ＿＿。

1　日本語(にほんご)が　　2　いい　　3　通(つう)じない　　4　わりには

⑦ 本当(ほんとう)は＿＿ ＿＿ ＿＿ ＿＿。

1　好(す)きな　　2　と言(い)う　　3　きらいだ　　4　くせに

▶答(こた)えは p.71、正(ただ)しい文(ぶん)の訳(やく)は別冊(べっさつ) p.12

**左ページ上の訳**

"How can you think of putting on make-up when you're just a kid!"
"小孩子，还化妆！"
"어린아이 주제에 화장 따위나 하고!"

2日目

学習日　月　日（　）

# そのかわり

ピクニックは中止になったが、**そのかわり**家でのんびりした。

## 67　先生のおかげで

先生の**おかげで**合格できました。（＝先生がいたから）
Thanks to my teacher, I passed the exam.
全靠老师，我及格了。　선생님 덕분에 합격할 수 있었습니다.

日本へ来た**おかげで**、日本語が上手になった。
（＝日本へ来たから）
My Japanese improved as a result of coming to Japan.
幸亏我来日本了，日语好多了。　일본에 온 덕분에 일본어가 능숙해졌다.

V/A/na/N普 ＋ **おかげで** / **おかげだ**
❗ naだな
Nだの

◆話し手にとって良い結果
A good result for the speaker.
对说话方来说是好结果。
화자에게 있어서 좋은 결과.

## 68　遅れたせいで

バスが遅れた**せいで**、約束の時間に間に合わなかった。
（＝遅れたために）
I missed my appointment because the bus was late.
都怪公共汽车晚点，我没能按时间赴约。　버스가 늦은 탓에 약속 시간에 갈 수 없었다.

疲れた**せいか**、頭が痛い。（＝疲れたためかわからないが）
Perhaps it's because I am tired, but my head hurts.
可能是因为太累了，头有些痛。　피곤한 탓인지 머리가 아프다.

V/A/na/N普 ＋ **せいで** / **せいか** / **せいだ**
❗ naだな
Nだの

◆話し手にとって悪い結果
A bad result for the speaker.
对说话方来说是坏结果。
화자의 입장에서 나쁜 결과.

## 69　ビールのかわりに

車で来たので、ビールの**かわりに**ジュースをください。
（＝ビールではなくジュース）
Since I came by car, I will have juice instead of beer.
我开车来的，所以不要啤酒了，给我来杯果汁。　차로 왔기 때문에 맥주 대신 쥬스를 주세요.

V/A/na/N普 ＋ **かわりに**
❗ naだな
Nだの
**そのかわり（に）**

日曜日に働いた**かわりに**、今日休みを取りました。（＝日曜日に働いたので日曜ではなく、今日）
I took the day off today instead, since I worked on the (previous) Sunday.
因为星期日工作了，所以今天休息。　일요일에 일한 대신 오늘 휴가를 얻었습니다.

# 70　部長にかわって

**出張中の部長にかわって、私がごあいさつさせていただきます。**（＝部長ではなく私）

Please allow me to say a few words on behalf of my division manager who is currently on a business trip.
请允许我代出差的部长，讲几句话。 출장중인 부장님을 대신해서 제가 인사 드리겠습니다.

**野球にかわり、サッカーがさかんになってきた。**
（＝野球ではなくサッカー）

Soccer has overtaken baseball in popularity.　足球取代棒球兴盛起来。　야구 대신 축구가 성행하게 되었다.

> Nに ┌かわって
> 　　 └かわり
>
> **ダメ** ビールにかわってジュースをください。
>
> **OK** 部長のかわりに私が〜
> 　　野球のかわりにサッカーが〜

**れんしゅう I　正しいほうに○をつけなさい。**

① A「やっと降りましたね。」
　B「ええ、この雨の（a. せいで　b. おかげで）作物も元気になるでしょう。」

② 父に（a. かわりに　b. かわって）一言お礼申し上げます。

③ 事故（a. のせいで　b. にかわり）、約束の時間に遅れてしまった。

④ あなたの国では、水の（a. せいで　b. かわりに）ビールを飲むって本当ですか。

⑤ 日本語を教える（a. かわりに　b. かわって）、英語を教えてくれませんか。

**れんしゅう II　下の語を並べ替えて正しい文を作りなさい。＿＿に数字を書きなさい。**

⑥ いい医者に ＿＿ ＿＿ ＿＿ ＿＿ 治った。
　1　もらった　　2　みて　　3　病気が　　4　おかげで

⑦ 友達に引っ越しの ＿＿ ＿＿ ＿＿ ＿＿ 夕食をごちそうした。
　1　かわりに　　2　もらう　　3　して　　4　手伝いを

▶答えは p.73、正しい文の訳は別冊 p.12 〜 13

**左ページ上の訳**

The picnic was cancelled, so we relaxed at home instead.
── Thanks to the rain? (positive nuance)　Because of the rain? (negative nuance)
郊游取消了，不过，在家里呆得很舒服。 ── 多亏下雨？ 全怪下雨？
소풍은 중지되었지만 , 그대신 집에서 푹 쉬었다 . ―비 덕분？ 비 탓（때문）?

p.69 の答え：Ⅰ－① b　② a　③ a　④ b　⑤ a　　Ⅱ－⑥ 2→4→1→3　⑦ 1→4→3→2

# がんばるしかない！



学習日　月　日(　)

## 見れば見るほど

## 71　米粒くらい／米粒ほど

それは米粒くらいの大きさです。（＝だいたい米粒の）
It's about the size of a grain of rice.
大小和米粒一样。　그것은 쌀알 정도의 크기입니다.

この洗剤は、おもしろいほど汚れが落ちる。
This detergent removes stains so well. It's unbelievable.
这种洗涤剂的去污能力很强。　이 세제는 즐거울 만큼 때가 빠진다.

あきるほど食べた。
I ate so much that I don't want to see any more food.
吃得都吃腻了。　질릴 만큼 먹었다.

もっと! 宿題が多すぎて、泣きたいくらいだ。
I have so much homework, I want to cry.
作业多得叫人想哭。　숙제가 너무 많아서 울고 싶을 정도이다.

> N / naな / Aい / Vる ＋ くらい / ぐらい / ほど ＋ だ / (に) / のN

## 72　若い人ほど(≠くらい)

若い人ほど朝寝坊をする。（＝若い人のほうが）
Young people seem to oversleep more.
越是年轻人越是喜欢睡懒觉。　젊은 사람일수록 늦잠을 잔다.

伝統的なものは、古いほど価値がある。（＝古いほうが）
Traditional items have more value if they are older.
传统的东西越古老越有价值。　전통적인 것은 오래될수록 가치가 있다.

> Aい / naな ＋ ほど
> Nほど

## 73　知れば知るほど(≠くらい)

彼のことを知れば知るほど好きになる。（＝よく知るともっと）
The more I get to know him, the better I like him.
越是了解他就越是喜欢他。　그를 알면 알수록 좋아진다.

荷物は少なければ少ないほどいい。（＝少ないほうが）
The less baggage you have, the better.
行李越少越好。　짐은 적으면 적을수록 좋다.

> Vば Vるほど
> Aければ Aいほど
> naならば naなほど

## 74 彼女くらい親切な人はいない

**彼女くらい親切な人はいない。**

（＝彼女ほど親切な人はいない／彼女がいちばん親切だ）

There is no one as kind as her.　没有人像她那么和蔼可亲。　그녀만큼 친절한 사람은 없다.

| | |
|---|---|
| Nくらい | N[人]はいない |
| Nほど | N[物・事]はない |

**今年ほど雪の降った年はなかった。**（＝今年は今まででいちばん雪が降った）

It has snowed more this year than in any other year.

没有哪一年像今年这样下这么多雪。　올해만큼 눈이 내렸던 해는 없었다.

### れんしゅうⅠ 正しいほうに（どちらも正しい場合は両方に）○をつけなさい。

① この本は、読めば読む（a. ほど　b. くらい）おもしろい。

② びっくりする（a. ほど　b. くらい）大きい赤ちゃん。

③ 野菜は、新しい（a. ほど　b. くらい）おいしい。

④ A「どの（a. ほど　b. くらい）練習したんですか。」
　B「手が痛くなる（a. ほど　b. くらい）です。」

⑤ あの人（a. くらい　b. ほど）まじめな人はいない。

### れんしゅうⅡ 下の語を並べ替えて正しい文を作りなさい。＿＿に数字を書きなさい。

⑥ 家やアパートは、＿＿ ＿＿ ＿＿ ＿＿ 高い。

1　ほど　　2　駅に　　3　便利な　　4　近くて

⑦ フランス語 ＿＿ ＿＿ ＿＿ ＿＿ と私は思う。

1　美しい　　2　言語は　　3　ほど　　4　ない

▶答えは p.75、正しい文の訳は別冊 p.13

**左ページ上の訳**

"There is no one as beautiful as you! The more I look at you, the more beautiful you seem!"
"没有人像你这么美！ 真是越看越美啊！"
"당신만큼 아름다운 사람은 없소! 보면 볼수록 아름다워!"

p.71 の答え： Ⅰ－①b　②b　③a　④b　⑤a　　Ⅱ－⑥2→1→4→3　⑦4→3→2→1

## がんばるしかない！

No.22

学習日 月 日（ ）

# やってみることだ

## 75 あやまることはない

君があやまることはないよ。（＝あやまらなくていい）

There is no need (for you) to apologize. 你不用道歉的。 네가 사과할 것까지는 없어.

来ることはありません。郵送でいいですよ。（＝来なくていいです）

You don't need to come. Just send it by post. 不用来的。邮过来就行了。 올 것까지 없습니다. 우편으로 괜찮아요.

> Vることはない

## 76 遅れるということだ

田中さんから電話があって、少し遅れるということです。（＝遅れるそうです）

Tanaka-san called and he said he would be a little late.
田中刚才来电话说要晚到一会。 다나카 씨한테 전화가 왔는데 조금 늦는다고 합니다.

もっと！ 試験の結果は70%、つまり合格ということだ。（＝合格だという意味だ）

The results of the test were 70%. In other words, you passed.
考试结果70%，也就是说及格了。 시험 결과는 70%, 즉 합격이라는 뜻이다.

> V/A/na/N普
> N ］ということだ
>
> ◆V命令形、意向形などもOK
> Can be used for verbal commands, expressing intention, etc.
> 可用于动词命令形、意志形。
> V 명령형, 의향형 등도 O.K.

## 77 休むことだ

暖かくして、ゆっくり休むことだ。（＝休んだほうがいい）

You should keep warm, relax and rest.
多穿点，注意多休息。 따뜻하게 하고 푹 쉬는게 좋다.

無理をしないことです。（＝しないほうがいいです）

Don't push yourself too hard. 注意不要勉强自己。 무리를 하지 않는 것입니다.

> Vる/Vない ことだ
>
> ◆助言をするときに使う
> Used when giving suggestions or advice.
> 用于提建议时。
> 조언을 할 때 쓴다.

# 78 どんなにうれしいことか

合格できたら、**どんなにうれしいことか**。（＝とてもうれしい）

How happy would I be if I passed!
要是能合格，该有多好啊。　합격할 수 있다면 , 얼마나 기쁠까 ?

**何度注意したことか**。（＝何度も注意した）

How many times have I warned you?
都提醒了你多少次了。　몇 번이나 주의했는데 .

| | |
|---|---|
| どんなに<br>どれだけ<br>どれほど<br>何度<br>何時間<br>⋮ | Aい**ことか**<br>Aかった**ことか**<br>naな**ことか**<br>naだった**ことか**<br>Vる**ことか**<br>Vた**ことか** |

**れんしゅう I**　正しいほうに○をつけなさい。

① 急ぐ（a. ことだ　b. ことはない）。ゆっくりでいい。

② 一度に全部は無理だ。毎日少しずつ勉強する（a. ことだ　b. ことはない）。

③ 遅かったね。どれだけ心配した（a. ことか　b. ことはない）。

④ 昨日、東京で地震があった（a. ことだ　b. ということだ）。

⑤（a. 買う　b. 買わない）ことはないよ。貸してあげるから。

**れんしゅう II**　下の語を並べ替えて正しい文を作りなさい。＿＿に数字を書きなさい。

⑥ 禁煙というのは、＿＿　＿＿　＿＿　＿＿　ことだ。

1　吸っては　　2　いけない　　3　タバコを　　4　という

⑦ お酒は少しなら ＿＿　＿＿　＿＿　＿＿　ことだ。

1　悪くないが　　2　すぎない　　3　体に　　4　飲み

▶答えは p.77、正しい文の訳は別冊 p.13

**左ページ上の訳**

"Don't worry about it. I hear it's not so difficult.　I think you should just do it."
"不用担心，因为听说并不那么难，总之，应该试试看！"
"걱정할 거 없어요 . 그렇게 어렵지 않다고 하니까 . 어쨌든 , 해보는 거에요 ."

p.73 の答え：　I －① a　② a b　③ a　④ b、a b　⑤ a b　　II －⑥ 2→4→3→1　⑦ 3→1→2→4

がんばるしかない！　　No.23

学習日　月　日（　）

# 聞いてみるしかない

何だっけ？

いつだっけ？

だれだっけ？

どこだっけ？

あなたは何もかも忘れてしまったのね

忘れちゃった。聞いてみるしかないな。

## 79　来週だっけ？

国へ帰るのは、来週だ（った）っけ？（＝確か、来週？）

You said that you were going back to your country next week, didn't you?

回国好像是下周吧？　고국에 돌아가는 게 다음주라고 했나？

明日のパーティーのこと、話し（まし）たっけ？

（＝私、話しましたか）

Did I tell you about tomorrow's party?

明天晚会的事，我和你说了没有？　내일 파티에 대해 얘기했었나？

Nだ/Nだったっけ
naだ/naだったっけ
Aかったっけ
Vたっけ
OK でしたっけ/ましたっけ

## 80　やるしかない

できるまで、やるしかない。（＝やるだけだ）

You must try until you get it.

只能尽力而为了。　할 수 있는 데까지，할 수밖에 없다．

直せないから、新しいのを買うしかなかった。（＝買わなければならなかった）

I had no choice but to buy a new one since it couldn't be fixed.

不能修了，所以只好买个新的了。　고칠 수 없어서，새로운 것을 살 수밖에 없었다．

Vるしか ない

## 81　結婚してるんだって

A「田中さん、結婚してるんだって。」（＝結婚しているそうです）

B「へー、知らなかった。」

"I just found out Tanaka-san is married!" "Is that so?  I didn't know."

"听说田中结婚了。" "哎，我不知道。" "다나카 씨가 결혼했대．" "허，몰랐어．"

試験の範囲は、教科書の最初から50ページまでだって。

（＝50ページまでだそうです）

I heard the test will cover up to Page 50 in the textbook.

听说考试范围是教科书开头到第50页。　시험범위는 교과서 처음부터 50 페이지까지라고 해．

V/A普（んだ）って
na/N普（んだ）って
❗ N/naだ
→N/na（なん）だって
～までだって／～からだって
～だけだって　など
◆女性はよく「ですって」を使う

# 82 だってまずいんだもん

A「どうして食べないの？」

B「だって、**まずいんだもん**。」（＝まずいから）

"Why didn't you eat it?" "Because it tastes awful."
"为什么不吃？" "因为太难吃了。" "왜 안 먹어？" "왜냐면 맛이 없단 말이야."

今日の試験、できなかった……。**勉強しなかったんだもん**、仕方がない。（＝勉強しなかったから）

I didn't do well on the test today. I can't complain because I didn't study much.
今天的考试不会做…。因为没有学习，没办法。 오늘 시험 잘 못 봤어…. 공부 안 했었거든 , 어쩔 수 없지 뭐 .

V/A普（んだ）もん
na/N普（んだ）もん
❗ na/Nだ
→N/na（なん）だもん

◆理由を表す

れい だって～（んだ）もん

**れんしゅう I 正しいほうに○をつけなさい。**

① あの店員さん、苦手だな。（a. さて　b. だって）、怖いんだもん。

② 彼女、前からあんなに（a. きれい　b. きれいだった）っけ。

③ バスも電車も止まってしまったから、（a. 歩くしかない　b. 歩こうとしない）。

④ A「ここはずいぶんにぎやかだね。」
B「でも、夜は（a. 静か　b. 静かな）んですって。」

⑤ 3月って、こんなに（a. あったかかった　b. あったかいだ）っけ。

**れんしゅう II 下の語を並べ替えて正しい文を作りなさい。＿＿に数字を書きなさい。**

⑥ 父は ＿＿ ＿＿ ＿＿ ＿＿ 食べない。

1　料理　　2　しか　　3　作った　　4　母が

⑦ A「めずらしいね、君が怒るなんて。」
B「だって ＿＿ ＿＿ ＿＿ ＿＿ んだもの。」

1　ことを　　2　あまりにも　　3　言われた　　4　失礼な

▶答えは p.79、正しい文の訳は別冊 p.13 ～ 14

**左ページ上の訳**

What was that again? Who are you again? When was it again? Where was it again? — I forgot. I have no choice but to ask.
是什么呢？ 是谁呢？ 什么时候？ 在哪呢？ — 忘了。只能问问了。
뭘라고 ? 누구라고 ? 언제라고 ? 어디라고 ? —잊어버렸다 . 물어볼 수 밖에 없군 .

p.75 の答え： I－①b　②a　③a　④b　⑤a　　II－⑥3→1→2→4　⑦3→1→4→2

## がんばるしかない！

No.24

学習日　　月　　日(　)

# つまり・・・

## 83 父の兄、つまり伯父

父の兄、**つまり**私の伯父は、医者をしている。(＝別の言い方では)

My father's elder brother, in other words, my uncle, is a doctor.
父亲的哥哥，也就是我的伯父，是做医生的。 아버지의 형, 말하자면 나의 백부는 의사를 하고 있다.

田中さんは、携帯もパソコンも持っていない。**つまり**、メールで連絡はできないのだ。(＝言い方を変えると)

Tanaka-san doesn't have a cell phone or a PC. In other words, we can't contact him by e-mail.
田中既没有手机也没有电脑。也就是说，没法用邮件联系。다나카 씨는 휴대폰도 컴퓨터도 안 가지고 있다. 그러니까 결국 메일로 연락은 할수 없다.

> $a_1$**つまり**$a_2$。
> ◆言い換えるときに使う
> To be used when clarifying an idea using different words.
> 换说法的时候用。
> 바꿔 말할 때 쓴다.

## 84 事故があった。そのため(に)遅れている。

隣の駅で事故があったらしい。**そのために**電車が遅れている。(＝事故があったから)

It looks like there is an accident at the next station. The train is delayed because of that.
听说旁边的车站出事故了。因此电车晚点了。
근처 역에서 사고가 있었던 것 같다. 그 때문에 전차가 늦어지고 있다.

留学するつもりだ。**そのために**、バイトしてお金をためている。(＝留学するつもりだから)

I am planning to study abroad. That's why I am saving money by working part-time.
打算留学。为此在打工攒钱。 유학할 예정이다. 그래서 아르바이트를 해서 돈을 모으고 있다.

> a〈目的・理由〉。**そのため(に)**b〈結果〉。
> (＝だから)

## 85 努力した。その結果成功した。

父は、人の何倍も努力した。**その結果**、仕事で成功した。(＝努力したあとで)

My father worked so much harder than anyone else. As a result, he has succeeded in his career.
父亲付出了比别人多几倍的努力。结果，在工作中获得了成功。
아버지는 다른 사람보다 몇 배나 노력했다. 그 결과 일로 성공했다.

3ヵ月ダイエットを続けた。**その結果**、5キロやせた。(＝ダイエットを続けたあとで)

I continued to diet for three months. As a result, I lost 5 kilos.
持续减肥了三个月。结果瘦了5公斤。3 개월 다이어트를 계속했다. 그 결과, 5 킬로 살이 빠졌다.

> a〈過去に起きたこと〉。
> **その結果**b〈aが原因／理由で起きたこと〉。

# 86 帰国する。なぜなら結婚式に出席するからだ。

来週、国に帰る予定です。**なぜなら(ば)**、親友の結婚式に出席するからです。(=国に帰る理由は)

I am going back home next week to attend my best friend's wedding.
计划下周回国。因为我要参加好朋友的结婚典礼。
다음 주, 고향에 돌아갈 예정이다. 왜냐면 친한 친구 결혼식에 참석하기 위해서이다.

学校を変えた。**なぜかというと**、ぼくのレベルのクラスがなかったからだ。(=学校を変えた理由は)

I changed schools because there was no class available at my level.
换学校了。要说为什么，因为没有和我的水平相当的班级。
학교를 바꿨다. 왜냐면 내 수준에 맞는 클래스가 없었기 때문이다.

a〈結論〉[なぜなら(ば) / なぜかというと / どうしてかというと] b〈原因〉〈理由〉
(=そのわけは／その理由は)

◆理由・原因をあとで述べる
To show the reason or the cause subsequently.
在后面陈述理由、原因。
원인・이유를 나중에 말한다.
**れい** なぜなら〜からだ。

**れんしゅう I** 正しいほうに○をつけなさい。

① ほとんど勉強をしなかった。(a.その結果　b.なぜかというと)、入学試験に落ちてしまった。

② 今週も来週も出張で海外へ行きます。(a. つまり　b. なぜなら) 日本にいません。

③ 彼は目が悪かった。(a. つまり　b. そのため) 車の運転ができなかった。

④ 仕事を辞めたくても辞められません。(a. なぜなら　b. そのために) 家のローン※があるからです。

※ローン：loan　贷款　대출

⑤ 彼は獣医、(a. つまり　b. その結果) 動物のお医者さんです。

**れんしゅう II** 下の語を並べ替えて正しい文を作りなさい。＿＿に数字を書きなさい。

⑥ 彼は決してあきらめなかった。＿＿ ＿＿ ＿＿ ＿＿ 発明が生まれたのだ。

1 結果　2 偉大な　3 このような　4 その

⑦ 彼女は ＿＿ ＿＿ ＿＿ ＿＿ とってはめいです。

1 姉の　2 私に　3 つまり　4 娘

▶答えは p.81、正しい文の訳は別冊 p.14

**左ページ上の訳**

"Well, I don't think we can continue to get along because we are so different." "You mean you no longer love me?"
"这个，我想很难再交往下去了。因为我和你性格不合……" "也就是说，你已经讨厌我了。"
"음, 이제 사귀는 것은 무리라고 생각해. 왜냐면, 나와 너는 성격이 맞지 않으니까…" "결국, 내가 싫어졌다는 것이구나."

p.77 の答え： I −①b ②b ③a ④b ⑤a　II −⑥4→3→1→2 ⑦2→4→1→3

## がんばるしかない！

# 復習＋敬語

学習日 　月　日(　)

Q　絵を見てそれぞれの質問に答えましょう。(答えは p.84)

## 1日目

▶p.68～69

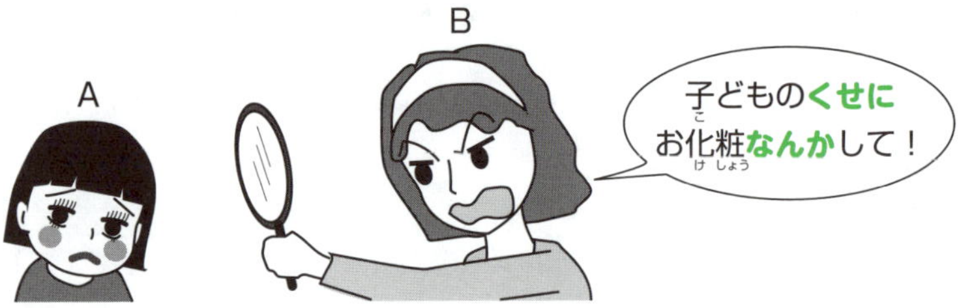


AについてのBの考え方は？

a もっと上手に化粧してほしい
b 化粧したわりにはきれいに見えない
c 子どもは化粧をすべきではない

## 2日目

▶p.70～71

ピクニックは中止になったが、**そのかわり**家でのんびりした。

「そのかわり」のとは？

a ピクニックに行くかわり
b 雨が降ったかわり
c のんびりしたかわり

## 3日目

▶p.72～73

「あなたほど美しい人はいない」とは？

a あなただけしか美しくない
b あなたがいちばん美しい
c 美しい人はあなたくらいだ

## 4日目

▶p.74～75

Bの言いたいことは？
a いくら難しくてもやってみないと
b やってみないで心配ばかりするのは簡単だ
c あまり難しくないそうだから心配しなくていい

## 5日目

▶p.76～77

どうして「聞いてみるしかない」のか？
a 少しも思い出せないから
b わかったふりをしていたから
c 聞いたとたん忘れるから

## 6日目

▶p.78～79

正しいのはどれ？
a BはAが嫌いになった
b AはBと仲よくしたい
c AはBと付き合うのをやめたい

## 敬語　店で②…する（いたす・なさる）

レストランで

✤（あなたは）何に<u>しますか</u>→何に**なさいますか**
✤（私は）お皿を<u>下げます</u>→お皿を**お下げいたします**

**【問い】** 下線部を敬語に直ししなさい。（答えはp.84）

〈美容院で〉店員「今日は（あなたは）どう<u>しますか</u>。」
客「カットしてください。」
店員「（私は）シャンプーも<u>しましょうか</u>。」
客「はい、お願いします。」

p.79の答え：Ⅰ－①a　②a　③b　④a　⑤a　Ⅱ－⑥4→1→3→2　⑦1→4→3→2

第4週
7日目

がんばるしかない！　　月　日（　）

# まとめの問題

制限時間：20分
1問4点×25問
答えはp.84、解説は別冊p.14～15

点数　／100

**問題1** つぎの文の（　　）に入れるのに最もよいものを、1・2・3・4から一つえらびなさい。

**1** 友達がうちに泊まりに来たとき、ベッド（　　）ソファーに寝てもらった。

1　のかわりに　　2　にかわって　　3　のわりに　　4　のせいで

**2** 車に乗せていただいた（　　）、電車に間に合いました。

1　おかげで　　2　わりに　　3　ついでに　　4　かわりに

**3** 社長「体調が悪いから、帰るよ。」
秘書「はい、どうか、ご無理（　　）ください。」

1　いたさないで　　2　なさらないで
3　いらっしゃらないで　　4　もうさないで

**4** この絵、5歳の子（　　）よく描けていますね。

1　くせに　　2　のわりに　　3　なんか　　4　だもん

**5** 川があふれて家が流される（　　）雨が降った。

1　につれて　　2　かぎり　　3　くらい　　4　うちに

**6** 「弱い犬（　　）よくほえる」と言います。

1　ほど　　2　くらい　　3　さえ　　4　かぎり

**7** 洗濯機が壊れてしまったから、手で洗う（　　）。

1　ことか　　2　ものか　　3　しかない　　4　ことはない

**8** コーヒーと紅茶、お好きなのはどちらでした（　　）。

1　もの　　2　こそ　　3　っけ　　4　ことか

**9** 先生の話では、来年から試験の形式が変わる（　　）。

1　ものか　　2　しかない　　3　ことだ　　4　ということだ

**10** あの建物が完成するのに、いったい何年かかる（　　）。

1　ことか　　2　ことだ　　3　ものか　　4　しかない

**11** 教えたことを生徒がどんどん覚えていくのを見ることほど、うれしい（　　）。

1　ことだ　　2　ことじゃない　　3　ことか　　4　ことはない

**12** できない（　　）できるなんて言わないほうがいいよ。

1　くせに　　2　なんて　　3　なんか　　4　わりに

**13** 体はともかく、頭は使えば使う（　　）よくなるらしい。

1　くらい　　2　ほど　　3　かぎり　　4　さえ

**14** また次回がんばればいいじゃない。がっかりする（　　）よ。

1　ことだ　　2　ものか　　3　ものの　　4　ことはない

**15** こんな天気のいい日に、家の中で仕事（　　）したくない。

1　だもん　　2　もんか　　3　なんか　　4　ことか

**問題2** つぎの文の ＿★＿ に入る最もよいものを、1・2・3・4から一つえらびなさい。

**16** 教師に ＿＿ ＿＿ ＿★＿ ＿＿ 成長です。

1　喜びは　　2　学生の　　3　とっての　　4　最大の

**17** 一人で日本へ来てから、今までどんなに ＿＿ ＿＿ ＿★＿ ＿＿ か。

1　気持ちを　　2　がまんした　　3　さびしい　　4　こと

**18** 世界のいろいろなところで今もまだ ＿＿ ＿＿ ＿★＿ ＿＿ って。

1　戦争が　　2　いる　　3　んだ　　4　続いて

**19** 携帯電話やパソコンで ＿＿ ＿＿ ＿★＿ ＿＿ 仕事から離れられなくなった。

1　連絡できる　　2　いつでも　　3　せいで　　4　ようになった

**20** A「いつまでゲームをしているの。」
B「＿＿ ＿＿ ＿★＿ ＿＿ もん。」

1　おもしろくて　　2　んだ　　3　やめられない　　4　だって

**問題3** つぎの文章を読んで、[ 21 ]から[ 25 ]の中に入る最もよいものを、1・2・3・4から一つえらびなさい。

各地で野生の動物から畑を守るにはどうしたらいいか、話し合われています。[ 21 ]、野生の動物に野菜や果物を食べられてしまって困っているからです。

以前は山に木の実、[ 22 ]、野生の動物の食べ物がたくさんあったのですが、気候や人間の山に対するかかわり方などの環境の変化[ 23 ]、それが少なくなってしまいました。[ 24 ]動物たちは必要な食べ物を求めて、山から下りてくるようになったのです。

また、農村では、年をとった、農業では食べていけないなどの理由で畑の仕事をやめてしまう人も増えていて、荒れた農地が増え続けています。[ 25 ]、動物が畑に入りやすくなったのも原因の一つと言われています。

| | 1 | 2 | 3 | 4 |
|---|---|---|---|---|
| 21 | そこで | その結果 | それで | なぜならば |
| 22 | にかわって | つまり | それで | そのわりに |
| 23 | のわりに | のおかげで | により | にとって |
| 24 | それでも | そのために | そのうえ | しかし |
| 25 | その結果 | なぜなら | ついでに | けれども |

復習＋敬語（p.80～81）の答え：
[1日目] c [2日目] a [3日目] b [4日目] c [5日目] a [6日目] c
[敬語] ①**なさいますか** ②**いたしましょうか**

まとめの問題（p.82～84）の答え：
問題1 [1] 1 [2] 1 [3] 2 [4] 2 [5] 3 [6] 1 [7] 3 [8] 3 [9] 4 [10] 1
[11] 4 [12] 1 [13] 2 [14] 4 [15] 3
問題2 [16] 1（3→4→1→2） [17] 2（3→1→2→4） [18] 2（1→4→2→3）
[19] 4（2→1→4→3） [20] 3（4→1→3→2）
問題3 [21] 4 [22] 2 [23] 3 [24] 2 [25] 1

## 第5週

# もっとがんばればよかった！

I wish I had worked harder!
要是再努力些就好了！
좀더 열심히 하면 좋았을 것을！

## 今週の表現

### 1日目

- □勉強**はもちろん**
- □味が悪い**ばかりか**
- □昨年**に比べて**
- □生徒**に対して**

### 2日目

- □書き**上げる**
- □食べ**切れない**
- □読み**かけ**の本
- □焼き**たて**のパン

### 3日目

- □うまく話せる**といいなあ**
- □もっと早く家を出れ**ばよかった**
- □あなたも行け**ば**よかった**のに**
- □早く来ない**かなあ**

### 4日目

- □映画が始まる**まで**
- □骨**まで**食べられる
- □昼**から**夕方**にかけて**
- □大阪**において**

### 5日目

- □**たとえ**反対され**ても**
- □**もしかすると**うそ**かもしれない**
- □**必ずしも**いい**とは限らない**
- □**まるで**夢**のよう**

### 6日目

- □行きたい。**だけど**、行けない。
- □雨です。**ですから**、傘がいります。
- □行く予定だった。
  **ところが**、行けなくなった。
- □明日は試験だ。**ところで**、来週は？

## もっとがんばればよかった！

◀)) No.25

学習日　　月　　日(　)

# 子どもばかりか

子どもばかりか大人まで
マンガに夢中になっている。
女性に比べて男性のほうが
よく読んでいる。

## 87 勉強はもちろん

$N_1$は もちろん $N_2$も
[文]のは もちろん ～(も)

彼は、勉強はもちろんスポーツもよくできる。
(＝もちろん勉強もできるし)
He is not only a good student, he is a good athlete as well.
他功课不用说，体育也很好。　그는 공부는 물론 스포츠도 잘 한다.

キャベツは炒めて食べるのはもちろん、生で食べてもおいしいです。
(＝もちろん炒めて食べるのはおいしいし)
Cabbage tastes good raw as well as stir-fried.
卷心菜炒着吃就不用说了，就算生着吃也好吃。　양배추는 볶아서 먹는 것은 물론, 생으로 먹어도 맛이 있습니다.

## 88 味が悪いばかりか

V/A/na/N普 ┐ ばかりか…(も)
❗ naだな　 │ ばかりでなく…(も)
　Nだ　　　┘

あの店は、味が悪いばかりか、店員の態度もひどい。
(＝味が悪いだけでなく)
That restaurant's service is terrible, let alone its food.
那家店，不仅味道差，店员的态度也恶劣。
저 가게는 맛도 없을뿐만 아니라 점원 태도도 나쁘다.

私は、漢字ばかりか、まだひらがなも書けません。(＝漢字だけでなく)
I can't write hiragana, let alone kanji.
不光是汉字，我连平假名都不会写。　나는 한자뿐만 아니라 아직 히라가나도 쓸수 없습니다.

## 89 昨年に比べて

Nに ┌比べて
[文]のに └比べ
れい これ/それに比べ(て)

試験問題は昨年に比べて易しくなった。(＝昨年より)
Compared to last year, the questions this year are easier.
考试题与去年相比，容易了。　시험 문제는 작년에 비해 쉬워졌다.

店で買うのに比べ、通信販売は便利だが、欠点もある。
(＝買うより)
Ordering from a catalogue is more convenient than shopping in a store, but there are drawbacks.
与商店购物相比，邮购虽然方便但也有缺点。가게에서 사는 것에 비해, 통신판매는 편리하지만 결점도 있다.

# 90 生徒に対して

田中先生は、生徒**に対して**厳しい。（＝生徒に）

Tanaka-sensei is strict to her/his students.
田中老师对学生很严厉。 다나카선생님은 학생에게 엄격하다.

まじめな長男**に対して**、次男は遊んでばかりで学校もよく休む。（＝まじめな長男とは反対に）

Contrary to my hardworking eldest son, my second son plays around and often plays hooky.
和认真的长子相反，次子光玩，经常不去上学。 성실한 장남에 비해 차남은 놀기만 하고 자주 쉰다.

> Nに／[文]のに ＋ 対して／対し／対しては／対しても／対するN
>
> れい これ/それに対して

**れんしゅう I** 正しいほうに○をつけなさい。

① 動物のオスは、メス（a. に比べて　b. ばかりか）派手できれいな場合が多い。

② 私のふるさとは、（a. 不便　b. 不便な）ばかりでなく、寒さがきびしい。

③ あの店は、休みの日（a. ばかりでなく　b. に対して）、ふだんの日も混んでいます。

④ 彼のアニメ作品は、子ども（a. に比べて　b. はもちろん）大人も楽しめる。

⑤ この店を利用する人は、昼間は学生が多い。それ（a. に対して　b. ばかりか）、夕方は会社員が多い。

**れんしゅう II** 下の語を並べ替えて正しい文を作りなさい。＿＿に数字を書きなさい。

⑥ 駅員は乗客に ＿＿ ＿＿ ＿＿ ＿＿ 説明した。

1　遅れている　2　電車が　3　対して　4　理由を

⑦ 新しく買ったバッグはおしゃれできれいだが、＿＿ ＿＿ ＿＿ ＿＿ 使いにくい。

1　のに　2　前のが　3　比べて　4　使いやすかった

▶答えは p.89、正しい文の訳は別冊 p.15 ～ 16

**左ページ上の訳**

The kids as well as the adults are into their comics, and the men outnumber the women.
不仅是孩子，连大人都很热衷漫画。和女性相比，男性经常读。
아이뿐만 아니라 어른까지 만화에 열중하고 있다 . 여성에 비교해 남성쪽이 자주 읽고 있다 .

第5週 2日目

# もっとがんばればよかった！

No.26

学習日　月　日（　）

## 炊きたて

## 91　書き上げる

やっとレポートを書き上げた。（＝全部書いた）

I finally finished my paper.
好不容易把报告写完了。　겨우 리포트를 다 썼다.

ケーキが焼き上がりましたよ。（＝焼き終わりました）

The pastry is just out of the oven.
蛋糕烤好了。　케잌이 다 구워졌어요.

> V~~ます~~ ［上げる／上がる］
>
> れい　書き上がる　編み上がる　作り上げる　調べ上げる　育て上げる
>
> ◆その仕事を完全に終えるという意味
>
> To mean something has just been completed.
> 将某件事彻底做完的意思。
> 그 일을 완전히 끝낸다는 의미.

## 92　食べ切れない

ご飯の量が多くて、食べ切れないよ。（＝全部食べられない）

I can’t finish the rice because there is so much.
饭菜的量太大，吃不完。　밥 양이 많아서 전부 못 먹어요.

長い小説を、2日間で読み切った。（＝全部読んだ）

I finished reading a long novel in two days.
2天时间把一部很长的小说读完了。　긴 소설을 2일간에 다 읽었다.

もっと！　疲れ切ったようす（＝ひどく疲れたようす）

very tired condition　疲惫不堪的样子　피곤에 녹초가 된 모습

> V~~ます~~ ［切る／切れる］
>
> V~~ます~~切れない（＝完了しない）
>
> ◆全部使って、残っていないようす
>
> To show that there is nothing left.
> 全部用完，没有残留的样子。
> 전부 사용하고 남아있지 않는 모습.
>
> れい　飲み切る／読み切る／走り切る／泳ぎ切る／売り切れる

## 93　読みかけの本

この本はまだ読みかけだ。（＝読んでいる途中だ）

I haven’t finished the book yet.
这本书还在读。　이 책은 아직 읽고 있는 도중이다.

おふろに入りかけたときに電話が鳴った。
（＝入ろうとしたときに）

The phone rang when I was about to get in the bath.
刚要洗澡时电话响了。　목욕탕에 들어가려고 할 때 마침 전화가 울렸다.

> V~~ます~~ ［かける／かけの N／かけだ］
>
> れい　食べかける／帰りかける／落ちかける／失敗しかける

# 94 焼きたてのパン

焼きたてのパンはおいしい。（＝焼いてすぐあとの／焼いたばかりの）

Freshly baked bread is really good.
刚烤好的面包很好吃。 갓구운 빵은 맛있다.

あのスーパーは、とりたての新鮮な野菜を売っている。
（＝とってすぐあとの／とったばかりの）

That grocery store sells very fresh vegetables.
那个超市卖刚采摘的新鲜蔬菜。 저 슈퍼는 지금 막 따온 신선한 채소를 팔고 있다.

V~~ます~~たての N
V~~ます~~たてだ
れい 炊きたて（のご飯）
ペンキ塗りたて
入社したて／習いたて
ダメ ～たてる
読みたて　食べたて

**れんしゅうⅠ 正しいほうに○をつけなさい。**

① 彼は何か（a. 言いかけて　b. 言い上げて）やめた。

② （a. 炊きかけ　b. 炊きたて）のご飯はおいしい。

③ 長い間かかって作っていた作品が、やっと（a. できあげ　b. できあがり）ました。

④ そこに（a. 書き切れない　b. 書き上げない）場合は、裏も使ってください。

⑤ 姉は、プレゼントにするマフラーを一晩で（a. 編みたてた　b. 編み上げた）。

**れんしゅうⅡ 下の語を並べ替えて正しい文を作りなさい。＿＿に数字を書きなさい。**

⑥ 新しいのを ＿＿ ＿＿ ＿＿ ＿＿ 母に言われた。

1　ですよと　　2　使いかけのを　　3　買うのは　　4　使い切ってから

⑦ 課長は ＿＿ ＿＿ ＿＿ ＿＿ いる。

1　指導で　　2　社員の　　3　疲れ切って　　4　入社したての

▶答えは p.91、正しい文の訳は別冊 p.16

**左ページ上の訳**

"The rice has just finished cooking." "Freshly cooked rice tastes really good, doesn't it?"
"No. You shouldn't get up before you're finished eating."
"饭做好了。" "刚做好的饭真好吃呀。" "喂，不能吃到一半就站起来。"
" 밥이 다 됐다." " 갓지은 밥은 맛이 있네!" " 어허, 밥 먹는 도중에 일어나면 안돼."

p.87 の答え： Ⅰ－①a　②b　③a　④b　⑤a　　Ⅱ－⑥3→2→1→4　⑦2→4→1→3

## もっとがんばればよかった！



# 受かっていたらいいなあ

学習日　　月　　日(　)

## 95　うまく話せるといいなあ

もっと日本語がうまく話せたらいいなあ。
(＝話せるようになりたい)

I wish I could speak Japanese better.
如果日语能说得再好点就好了。　좀더 일본말을 잘 할 수 있으면 좋을 텐데.

明日、雨が降らないといいなあ。(＝降らないでほしい)

I hope it won't rain tomorrow.
明天如果不下雨就好了。　내일, 비가 오지 않으면 좋겠다.

> V/A/na/N㊟と いい(のに)なあ。
> Vたら/Aたら
> naたら/Nたら
> Vば/Aければ　(いいのに)なあ。
> naなら(ば)
> Nなら(ば)
>
> ◆願いを表す

## 96　もっと早く家を出ればよかった

遅刻してしまった。もっと早く家を出ればよかった。
(＝早く家を出なかったことを後悔している)

I am late. I wish I had left home much earlier.
迟到了。早点出门就好了。　지각해 버렸다. 좀더 빨리 집을 나왔으면 좋았을 텐데.

田中さんにあんなことを言わなければよかった。
(＝言って後悔している)

I should not have said such a thing to Tanaka-san.
如果不跟田中说那些话就好了。　다나카 씨에게 그런 말을 하지 않았으면 좋았을 텐데.

> Vば
> Vなければ
> Vたら　よかった。
> Vなかったら
>
> ◆後悔を表す
> Showing regret.
> 表示后悔。 후회를 나타낸다.

## 97　あなたも行けばよかったのに

パーティー、楽しかったよ。君も行けばよかったのに。
(＝行ったほうがよかったと思う)

I had a good time at the party. You should have come.
宴会很开心。你也去就好了。　파티, 즐거웠다. 너도 갔으면 좋았을 텐데.

安かったら買うのに。(＝安かったら買うけれど、安くないから買わない)

I could buy it if it were cheap.　如果便宜就买，可是…。　싸면 살텐데.

> Vば～のに。
> Vたら～のに。
> れい　Vばよかったのに。
> 　　　Vたらよかったのに。
>
> ◆残念な気持ちを表す

# 98 早く来ないかなあ

バス、早く来ないかなあ。（＝早く来てほしい）
I hope the bus will come soon.
公交车能早点来就好了。 버스，빨리 오면 좋을 텐데.

この実験、うまくいくかな。（＝うまくいくだろうか）
I wonder if the lab experiment will go well.
这个实验会进展顺利吗。 이 실험，잘 될까？

今日、富士山が見えるかなあ。（＝見えるだろうか）
I wonder if we could see Mt. Fuji today.
今天能看到富士山吗。 오늘，후지산이 보일까？

Vるかな（あ）。
Vないかな（あ）。
◆願望や、疑問に思っている気持ちを表す
To indicate hope or concern.
表示愿望、及怀疑的心理。
바램이나，의심이 드는 마음을 나타낸다.

**れんしゅうⅠ 正しいほうに○をつけなさい。**

① 妹の靴、私にはきつくて入らない。もう少し大きかったら（a. はける　b. はけない）のに。

② 昨日の試合、どっちのチームが（a. 勝つ　b. 勝った）かなあ。

③ 明日は花火大会だから、雨が（a. 降らない　b. 降らなかった）といいなあ。

④ ゆうべの番組、おもしろかったよ。君も見れば（a. いい　b. よかった）のに。

⑤ いつも家を出た後で、ガスの火を消した（a. のに　b. かなあ）と心配になる。

**れんしゅうⅡ 下の語を並べ替えて正しい文を作りなさい。＿＿に数字を書きなさい。**

⑥ してしまったことを ＿＿ ＿＿ ＿＿ ＿＿ しかたがない。

1 などと　　2 よかった　　3 しなければ　　4 思っても

⑦ あなた ＿＿ ＿＿ ＿＿ ＿＿ と友達に言われました。

1 いいなあ　　2 スポーツが　　3 みたいに　　4 できると

▶答えは p.93、正しい文の訳は別冊 p.16 ～ 17

**左ページ上の訳**

"I hope I will pass the exam, but I may fail because I don't think I did well ..." "Oh, I wish I had studied harder."
" 要是能合格就好了。但没考好，或许会落榜…。" " 啊，如果学习再努力些就好了。"
" 합격했으면 좋겠다. 하지만 시험을 잘 못 봐서 떨어졌을 지도 몰라… " " 아아，좀더 제대로 공부했더라면 좋았을 걸."

p.89 の答え： Ⅰ－①a　②b　③b　④a　⑤b　　Ⅱ－⑥3→2→4→1　⑦4→2→1→3

# 今晩から明日の朝にかけて

学習日 月 日（ ）

## 99 映画が始まるまで

Vるまで

映画が始まるまで30分あります。（＝今から映画が始まる時間まで）
The movie won't start for half an hour.
离电影开始还有 30 分钟。 영화가 시작되기까지 30 분 있습니다 .

連絡があるまで待っています。（＝連絡があるときまでずっと）
I will wait until I hear from you.
一直等到有消息。 연락이 있기까지 기다리고 있겠습니다 .

## 100 骨まで食べられる

この魚は骨まで食べられますよ。（＝骨も）
You can even eat the bones in this fish.
这种鱼连骨头都能吃。 이 물고기는 뼈까지 먹을수 있습니다 .

あなたまで私を疑うのですか。（＝あなたも）
Even YOU don't trust me?
连你都怀疑我吗？ 당신까지 나를 의심하는 것입니까 ?

Nまで

◆極端な例を出して、「それまで、そこまで」という驚きの意味を表す

This expression means "that much" or "to that extent" and is used in combination with extreme examples.
举出极端的例子，表示"都到这种程度"的惊讶之情。
극단적인 예를 들어「그것까지，거기까지」라는 놀람의 의미를 나타낸다 .

## 101 昼から夕方にかけて

明日は昼から夕方にかけて雨でしょう。
（＝昼から夕方まで）
Tomorrow, it will rain from noon through late afternoon.
明天午后到傍晚有雨。 내일은 낮부터 저녁에 걸쳐서 비가 오겠습니다 .

$N_1$から $N_2$に かけて

◆N：時・場所

九州から本州にかけて梅雨入りしました。（＝九州地方から本州までの地域が）
The rainy season has set in Kyushu and Honshu.
从九州到本州地区，已经进入梅雨季节了。 큐슈에서 혼슈에 걸쳐서 장마에 들어갔습니다 .

# 102 大阪(おおさか)において

大阪(おおさか)において、国際会議(こくさいかいぎ)が行(おこな)われた。（＝大阪(おおさか)で）

An international conference took place in Osaka.
在大阪举行国际会议。 오사카에서 국제 회의가 있었다 .

結果(けっか)はホームページにおいて発表(はっぴょう)されます。（＝ホームページで）

The result will be announced on the homepage.
结果将在主页上发表。 결과는 홈페이지에 발표됩니다 .

Nに おいて
◆「で」より少(すこ)し硬(かた)い表現(ひょうげん)

**れんしゅう I 正(ただ)しいほうに○をつけなさい。**

① 合格(ごうかく)する（a. まで　b. までに）絶対(ぜったい)にあきらめないと決(き)めた。

② 母(はは)にマッサージをしてあげた。首(くび)から肩(かた)（a. にかけて　b. において）かなり、こっていた。

③ 帰国(きこく)する（a. まで　b. までに）、なんとか日本語(にほんご)を習得(しゅうとく)したい。

④ 忙(いそが)しいのはわかりますが、お正月(しょうがつ)（a. まで　b. までに）働(はたら)くんですか。

⑤ 小学校(しょうがっこう)（a. において　b. にかけて）防災訓練(ぼうさいくんれん)を行(おこな)います。ご参加(さんか)ください。

**れんしゅう II 下(した)の語(ご)を並(なら)べ替(か)えて正(ただ)しい文(ぶん)を作(つく)りなさい。＿＿に数字(すうじ)を書(か)きなさい。**

⑥ 大雨(おおあめ) ＿＿ ＿＿ ＿＿ ＿＿ しまった。

1 中(なか)まで　2 のせいで　3 かばんの　4 ぬれて

⑦ 2月(がつ)から ＿＿ ＿＿ ＿＿ ＿＿ そうです。

1 にかけて　2 飛(と)ぶ　3 花粉(かふん)が　4 4月(がつ)

▶答(こた)えは p.95、正(ただ)しい文(ぶん)の訳(やく)は別冊(べっさつ) p.17

**左ページ上の訳**

"I heard it's going to snow all night." "Wow! We can play in the snow tomorrow!" — Cats are happy, too.
" 听说从今晚到明天早晨会下雪。" " 哇！ 明天能在雪里玩了！ " — 连猫都高兴。
" 오늘 밤부터 내일 아침에 걸쳐 눈이 내린대 ." " 와 ! 내일은 눈으로 놀 수 있다 ! " — 고양이까지 기뻐하고 있다 .

p.91 の答え： Ⅰ－①a ②b ③a ④b ⑤b　Ⅱ－⑥3→2→1→4 ⑦3→2→4→1

もっとがんばればよかった！　No.29

学習日　月　日（　）

# たとえ高くても

本物のように見えるが、**もしかすると**、それはにせ物**かもしれない**。

## 103 たとえ反対されても

**たとえ**反対され**ても**留学します。（＝もし反対されても）

Even if I am opposed, I will study abroad.
即使遭到反对，我也要去留学。 비록 반대해도 유학하겠습니다.

**たとえ**元気じゃなく**ても**、家族へのメールには元気だと書きます。（＝もし元気じゃなくても）

Even if I am not well, I write that I am well in the emails to my family.
就算状态不太好，给家人写的邮件也会说自己很好。 비록 잘 있지 못해도 가족에게 보내는 메일에는 잘 지낸다고 씁니다.

たとえ ┌ Vても
　　　 │ Aくても
　　　 │ naでも
　　　 └ Nでも

## 104 もしかするとうそかもしれない

**もしかすると**彼の話はうそ**かもしれない**。
（＝うその可能性がある）

もしかすると ┌ V/A/na/N普 ┐ かもしれない
もしかしたら └ !Nだ/naだ ┘

He could be telling a lie. 也许他的话是谎话。 어쩌면 그의 이야기는 거짓말일지도 모른다.

**もしかしたら**、明日行けない**かもしれません**。（＝行けない可能性がある）

I may not be able to come tomorrow.
明天也许去不了。 혹시, 내일 가지 못할지도 모릅니다.

## 105 必ずしもいいとは限らない

（お）金持ちが**必ずしも**幸福だ**とは限らない**。
（＝必ず「幸福だ」とは言えない。幸福でないこともある。）

必ずしも ┌ V/A/na/N普 ┐ とは限らない
　　　　 └ N/na　　　 ┘

Being rich does not necessary mean being happy. 富人不一定幸福。 부자가 반드시 행복하다고는 할 수 없다.

高いものが**必ずしも**いいものだ**とは限らない**。
（＝必ず「いいものだ」とは言えない。よくないものもある。）

Expensive items are not necessarily good. 贵的东西未必就好。 비싼 것이 반드시 좋은 것이라고는 할 수 없다.

# 106　まるで夢のよう

合格した！ まるで夢のようだ。（＝ちょうど夢のようだ）

I did it! It's just like a dream.
合格了！简直像做梦一样。합격했다！마치 꿈과 같다.

彼の日本語はまるで日本人が話しているみたいに聞こえる。（＝ちょうど日本人が話しているように）

His Japanese is so natural that he sounds like a native speaker.
他的日语听上去简直像日本人在说话。
그의 일본 말은 마치 일본 사람이 말하는 것처럼 들린다.

まるで［Nの／V普］よう

まるで［V/A/na/N普／❗Nだ/naだ］みたい

れい　まるで外国に来たようだ
まるで私の家じゃないみたい
まるで私が悪いみたい

もっと！ あなたの言うことはまるで理解できない。（＝全然理解できない）

I don't at all understand what you are saying.　你说的话我完全不明白。
그가 말하는 것은 전혀 이해할 수 없다.

**れんしゅうⅠ　正しいほうに○をつけなさい。**

① (a. まるで　b. もしかすると)、あそこに座っている人は有名な人かもしれない。

② (a. たとえ　b. かならずしも) 給料が高くても、あんな仕事はしたくない。

③ 私が聞いたのは、(a. まるで　b. もしかしたら) うそのような本当の話なんです。

④ 日本人の日本語が、(a. たとえ　b. 必ずしも) すべて正しいとは限らない。

⑤ あの二人は、(a. まるで　b. たとえ) 兄弟のようによく似ている。

**れんしゅうⅡ　下の語を並べ替えて正しい文を作りなさい。＿＿に数字を書きなさい。**

⑥ たとえ ＿＿ ＿＿ ＿＿ ＿＿ 結婚します。

1　されても　　2　両親に　　3　彼女と　　4　反対

⑦ 親や ＿＿ ＿＿ ＿＿ ＿＿ 限らない。

1　言うことが　　2　先生の　　3　とは　　4　正しい

▶答えはp.97、正しい文の訳は別冊p.17～18

**左ページ上の訳**

"I want it so I'll buy it even though it is expensive." — It looks real but it could be a fake.
"即便贵，因为想要，也会买。" — 虽然看上去像真的，但也有可能是赝品。
"설령 비싸더라도 갖고 싶으니까 사겠습니다." —진짜처럼 보이지만, 혹시 그것은 가짜일지도 모른다.

p.93の答え：Ⅰ－①a　②a　③b　④a　⑤a　Ⅱ－⑥2→3→1→4　⑦4→1→3→2

# もっとがんばればよかった！

No.30

学習日　　月　　日（　）

## ところで…

### 107　行きたい。だけど、行けない。

旅行に行きたい。**だけど**ひまがない。

I love to go traveling but I have no time.
想去旅游。但没有空。　여행 가고 싶다 . 하지만 시간이 없다 .

よくカラオケに行く。**だけど**歌は下手だ。

I often go to a karaoke bar but I am not a good singer.
经常去唱卡拉 OK.。不过，歌唱得不好。　자주 노래방에 간다 . 하지만 노래는 잘 못한다 .

> a。**だけど**b。
> （＝けれども／しかし）
> ◆ a ⇔ b

### 108　雨です。ですから、傘がいります。

天気予報では午後から雨だそうです。**ですから**、傘を持っていったほうがいいですよ。

You'd better take an umbrella with you since the weather forecast is predicting rain in the afternoon.　据天气预报说午后开始要下雨。所以，最好带着伞去。
일기예보에서는 오후부터 비라고 합니다 . 그러니까 , 우산을 가지고 가는 편이 좋습니다 .

明日から旅行に行きます。**ですから**、申し訳ありませんが、来週のパーティーには出席できません。

I will be leaving on a trip tomorrow. Thus I'm sorry that I won't be able to come to the party next week.
明天开始去旅行。所以，不好意思，下周的宴会不能出席。
내일부터 여행 갑니다 . 그러니까 죄송합니다만 , 다음 주의 파티에는 출석할 수 없습니다 .

> a〈理由／原因〉。**ですから**
> b〈当然の結果／判断〉。
> ◆「だから」を丁寧に言う

### 109　行く予定だった。ところが、行けなくなった。

昨夜はコンサートに行くつもりだった。**ところが**病気で行けなくなった。

I was planning to go to the concert last night but I couldn't go because I felt sick.
做完本来打算去看音乐会。不过，因为生病没能去。　어젯밤은 콘서트에 갈 예정이었다 . 그런데 , 병으로 갈 수 없게 되었다 .

> a〈予想／予定〉。**ところが**
> b〈予想外の結果／事実〉。

田中さんは私より若いと思っていた。**ところが**私より5歳も年上だった。

I thought Tanaka-san was younger but he is actually 5 years older than I am.
本来以为田中比我年轻。但是，竟然比我还大5岁。 다나카 씨는 나보다 젊다고 생각하고 있었다. 그런데 나보다 5 살이나 나이가 위였다.

## 110 明日は試験だ。ところで、来週は？

明日、試験でしょ。がんばってね。ところで、来週の月曜日は空いてる？

The exam will be tomorrow, right? I wish you well. By the way, will you be free next Monday?

明天考试吧。好好努力。对了，下周星期一有空吗?

내일 시험이지? 내일 시험 잘 봐. 그런데, 다음 주 월요일은 비어있어?

a。ところでb。

◆話題を変えるときに使う

Used when changing the topic.

转换话题时使用。

화제를 바꾸고 싶을 때 쓴다.

もうすぐ、今年も終わりですね。ところで、お正月はどうなさいますか。

The year is to be over soon. Well, do you have any plans for the New Year?

今年也快结束了。对了，新年您怎么过呢? 머지않아 올해도 끝나는군요. 그런데 설날에는 뭐 하세요?

**れんしゅう I** 正しいほうに○をつけなさい。

① 彼は非常に頭がいい。(a. ところが b. ところで)、大学に落ちてしまった。

②もうすぐ卒業ですね。(a. ところで b. ですから)、就職はどうするのですか。

③ みんな彼が勝つと思っていた。(a. だから b. ところが)、簡単に負けてしまった。

④ 今学期は明日で終わりです。(a. ところで b. だけど)、来学期の授業料、払いましたか。

⑤ 野菜は好きじゃない。(a. だけど b. だから) 体にいいから食べる。

**れんしゅう II** 下の語を並べ替えて正しい文を作りなさい。____に数字を書きなさい。

⑥ 途中からは入れません。____ ____ ____ ____。

1 絶対に　2 来てください　3 ですから　4 遅れないように

⑦ 確かに郵便で送った。____ ____ ____ ____。

1 届いて　2 と言われた　3 いない　4 ところが

▶答えは p.99、正しい文の訳は別冊 p.18

**左ページ上の訳**

"Hi. It rained all day so you must be wet and cold." "Yeah, it was snowing at one point." "Well, how was the exam today?"

"你回来了。今天一整天下雨，很冷吧?" "嗯。刚才还在下雪。" "哎，是吗。对了，今天的考试怎么样?"

"어서 돌아와. 오늘은 하루종일 비때문에 추웠지?" "응, 아까 눈이 내렸었어." "그런데 오늘 시험 어땠어?"

p.95 の答え：Ⅰ－①b ②a ③a ④b ⑤a　Ⅱ－⑥2→4→1→3 ⑦2→1→4→3

# 復習＋敬語

学習日　　月　　日(　)

Q　絵を見てそれぞれの質問に答えましょう。(答えは p.102)

## 1日目

▶p.86~87

子どもばかりか大人まで
マンガに夢中になっている。
女性に比べて男性のほうが
よく読んでいる。

内容に合っているのは？
a 子どもより大人のほうがマンガに夢中だ
b 大人もマンガが好きで、特に男性によく読まれている
c 子どもは大人、特に女性ほどマンガを読まない

## 2日目

▶p.88~89

「炊きたてのご飯」とは？
a 炊いたばかりのご飯
b 炊いたままのご飯
c 炊きかけのご飯

## 3日目

▶p.90~91

なぜ「勉強すればよかった」のか？
a ちゃんと勉強しても試験に落ちたから
b よく勉強して試験に受かったから
c 勉強すれば合格したかもしれないから

## 4日目

▶p.92～93

ネコ**まで**喜んでいる。

「ネコまで喜んでいる」とは？
a ネコが喜ぶのは当然だ
b ネコが喜ぶはずがない
c ネコも喜ぶのでびっくりだ

## 5日目

▶p.94～95

本物のように見えるが、**もしかすると**、それはにせ物**かもしれない**。

「にせ物かもしれない」とは？
a まるで本物のようだ
b にせ物の可能性がある
c たとえにせ物でもいい

## 6日目

▶p.96～97

「ところで」と同じ意味は？
a 話は変わるけど
b そういうわけで
c それにしても

## 敬語　たずねる …うかがう

うかがう（ask ／ hear ／ visit）

✤ 聞きます（質問します）→**伺います**・**お伺いします**
✤（目上の人から）聞きます→**伺います**・**お伺いします**
✤（あなたのところへ）行きます→**伺います**・**お伺いします**

**【問い】** 下線部を敬語に直しなさい。（答えは p.102）

①ちょっと<u>聞きますが</u>、この辺に郵便局はありますか。
②その件は課長から<u>聞きました</u>。
③明日ですが、何時ごろ<u>そちらに行けばいいですか</u>。

p.97 の答え：Ⅰ－①**a**　②**a**　③**b**　④**a**　⑤**a**　Ⅱ－⑥**3→1→4→2**　②**4→1→3→2**

もっとがんばればよかった！　　月　日（　）

# まとめの問題

制限時間：20分
1問4点×25問
点数　／100

答えはp.102、解説は別冊p.18～19

**問題1** つぎの文の（　　）に入れるのに最もよいものを、1・2・3・4から一つえらびなさい。

**1** 今年の桜は、いつもの年に（　　）1週間早く咲いたそうだ。

1　対して　　2　関して　　3　かわって　　4　比べて

**2** たとえお金をくれると（　　）、悪いことはしたくない。

1　言われても　　2　言われたとたん
3　言われたまま　　4　言われるとしたら

**3** 夜空には数え（　　）ほどの星がある。

1　たてない　　2　かけない　　3　上げない　　4　切れない

**4** 雑誌に紹介されている店が（　　）いいとは限らない。

1　まるで　　2　必ずしも　　3　たとえ　　4　もしかすると

**5** 最近は女性（　　）男性も化粧をするようになった。

1　ばかり　　2　もちろん　　3　ばかりか　　4　だけしか

**6** 思い出せない。やはりメモを（　　）。

1　しておけばよかった　　2　しておくはずだ
3　しておこうとしない　　4　しっぱなしだ

**7** 体育館（　　）入学式を行います。

1　において　　2　について　　3　によって　　4　にとって

**8** 手が痛くなる（　　）漢字を書いて練習した。

1　とおり　　2　せいで　　3　まで　　4　かけて

**9** 知らない人が（　　）友達のように話しかけてきた。

1　ついでに　　2　わりに　　3　どんなに　　4　まるで

**10** 「ペンキぬり（　　）注意」と書いてある。

1　きり　　2　たて　　3　きれ　　4　まま

11 早く雪が解(と)けて春に（　　　）なあ。

1 なるか　2 なりたい　3 ならない　4 なればいい

12 ほめられると、（　　　）うそでもうれしいものです。

1 たとえ　2 必ずしも　3 つまり　4 もしかすると

13 彼女(かのじょ)は話し方がていねいなの（　　　）行儀(ぎょうぎ)が悪い。

1 にかわって　2 にとって　3 に対して　4 はもちろん

14 もう帰るんですか。もっとゆっくりしていけば（　　　）。

1 よかったこと　2 いいかも　3 よかったもの　4 いいのに

15 A「何時ごろいらっしゃいますか。」
B「3時に（　　　）します。」

1 お伺(うかが)い　2 参(まい)り　3 伺い　4 いらっしゃい

**問題2** つぎの文の＿★＿に入る最もよいものを、1・2・3・4から一つえらびなさい。

16 今日はよく晴(は)れましたが ＿＿ ＿＿ ＿★＿ ＿＿ 大雨になるでしょう。

1 あさって　2 から　3 あしたの午後　4 にかけて

17 あの俳優(はいゆう)さんは ＿＿ ＿＿ ＿★＿ ＿＿ 水色だと話していました。

1 好きで　2 水色が　3 まで　4 靴下(くつした)

18 家族にメールを ＿＿ ＿＿ ＿★＿ ＿＿ しまいました。

1 書き　2 やめて　3 途中(とちゅう)で　4 かけて

19 この資料(しりょう)はすばらしい。よくここ ＿＿ ＿＿ ＿★＿ ＿＿ ましたね。

1 まで　2 くわしく　3 あげ　4 調べ

20 田中さんから電話がありました。道が混(こ)んでいるので ＿＿ ＿＿ ＿★＿ ＿＿ そうです。

1 少し　2 かもしれない　3 遅(おく)れる　4 もしかしたら

**問題3** つぎの文章(ぶんしょう)を読んで、[21]から[25]の中に入る最もよいものを、1・2・3・4から一つえらびなさい。

　お隣(となり)のネコの名前はチビです。「チビ」は「小さい」という意味ですが、お隣の「チビ」の体はとても大きいです。[　21　]、名前を呼ばれたチビが重そうな体を揺(ゆ)らしながら走ってくるのを見ると、みんな笑(わら)ってしまいます。

　チビは捨てられていました。お隣のお嬢(じょう)さんが拾(ひろ)ってきたとき、とても小さかったのでチビと名前がつけられました。[　22　]、大事に飼(か)われて、たくさん食べてよく寝るので太ってしまったのです。今では「名前は『チビ』[　23　]、どんどん大きくなっちゃって、[　24　]クマだね。」などと言われています。

　[　25　]、私の名前は雪子(ゆきこ)ですが、テニスが好きなので日に焼けて真っ黒です。「名(な)は体(たい)を表(あらわ)す」と言われますが、そうでない場合もあるようです。

| | | | | |
|---|---|---|---|---|
| [21] | 1　なぜならば | 2　そのうえ | 3　ですから | 4　ですが |
| [22] | 1　ところが | 2　その結果 | 3　そのために | 4　ですから |
| [23] | 1　つまり | 2　だから | 3　それに | 4　だけど |
| [24] | 1　たとえ | 2　まるで | 3　もちろん | 4　もしかすると |
| [25] | 1　つまり | 2　ところが | 3　けれども | 4　ところで |

復習＋敬語（p.98～99）の答え：

[1日目] b　[2日目] a　[3日目] c　[4日目] c　[5日目] b　[6日目] a

[敬語] **①お伺いしますが（伺いますが）　②伺いました（お伺いしました）**
**③お伺いすればよろしいですか**

まとめの問題（p.100～102）の答え：

問題1　**[1] 4　[2] 1　[3] 4　[4] 2　[5] 3　[6] 1　[7] 1　[8] 3　[9] 4　[10] 2**
**[11] 4　[12] 1　[13] 3　[14] 4　[15] 1**

問題2　**[16] 1（3→2→1→4）　[17] 4（2→1→4→3）　[18] 3（1→4→3→2）**
**[19] 4（1→2→4→3）　[20] 3（4→1→3→2）**

問題3　**[21] 3　[22] 1　[23] 4　[24] 2　[25] 4**

第6週

# もっとがんばることにした！

I've decided to stick at it!

我要更加努力！

좀더 열심히 하기로 했다！

## 今週の表現

### 1日目

- □**もし**受験してい**たなら**
- □**もし**休みが取れた**としても**
- □**もしも**生まれ変われる**なら**

### 2日目

- □行われる**ことになっている**
- □ジョギングする**ことにしている**
- □弾ける**ことは**弾ける**が…**
- □食べ**ないことはない**

### 3日目

- □聞い**たところ**
- □もう少しで遅刻する**ところだった**
- □注意され**てはじめて**
- □明るい**うちに**

### 4日目

- □暑い**わけだ**
- □きらいな**わけではない**
- □勝てる**わけがない**
- □休む**わけにはいかない**

### 5日目

- □**決して**あきらめ**ない**
- □**まったく**泳げ**ない**
- □**めったにない**
- □**少しも**わから**ない**

### 6日目

- □トマト３個。**それと**ピーマンも。
- □コーヒー？　**それとも**紅茶？
- □おいしい。**その上**安い。

もっとがんばることにした！　No.31

# もし私じゃなかったら

学習日　月　日（　）

## 111　もし受験していたなら

もし試験を受けていたなら、合格していたと思う。
（＝実際は、受けなかったが、もし試験を受けていたら）
I would have passed the exam if I had taken it.
如果参加了考试，我觉得会合格。 혹시 시험을 보았다면 합격해 있었을 것이라고 생각한다.

もし彼が社長でなかったなら、会社はつぶれていたと思う。
（＝実際は、彼が社長だけれど、もし彼が社長でなかったとしたら）
If he had not been the president, the company would have gone bankrupt.
如果他不是社长，我觉得公司早倒闭了。혹시 그가 사장이 아니었다면, 회사는 망했을 것이라고 생각한다.

もし、留学しなかったなら、今ごろは国で結婚しているだろう。
（＝実際は留学したが、もし留学しなかったとしたら）
If I had not gone to study abroad, I probably would be married by now.
如果没有留学，估计这会儿在国内已经结婚了。 혹시 유학하지 않았다면 지금쯤은 고국에서 결혼해 있을 것이다.

> もし ［Vた(な)ら / Aかった(な)ら / na/Nだった(な)ら］
>
> ◆現実はそうではないが、もしそうであったら
>
> Equivalent to "wishful thinking." 现实并不是那样，如果是那样的话。 현실은 그렇지 않지만, 혹시 그렇다. 면.

## 112　もし休みが取れたとしても

もし休みが取れたとしても、旅行には行かないつもりです。（＝休みが取れた場合でも）
Even if I get a holiday, I don't think I will go on a trip.
就算是能休假，我也不打算去旅游。
혹시 휴가를 받을 수 있다고 해도 여행은 가지 않을 예정입니다.

> もし V/A/na/N普 ［としても / としたって］
>
> ◆実現する可能性が低い場合によく使う
>
> To be used when the probability is low.
> 经常用于实现的可能性较低的情况。
> 실현될 가능성이 낮은 경우에 자주 사용한다.

もしお金がたくさんあったとしても、そんなものは買わない。（＝もしお金がたくさんあった場合でも）
Even if I had lots of money, I wouldn't buy such things.
就算是有很多钱，也不会买那些东西。 혹시 돈이 많이 있다고 해도 그런 것은 사지 않는다.

もし決勝戦に残ったとしたって、優勝は難しいでしょう。（＝決勝戦に残った場合でも）
Even though they made to the final, it will be difficult to win the championship.
就算是能进决赛，获胜还是很难的。 혹시 결승전에 남았다고 해도 우승은 어려울 것이다.

## 113 もしも生まれ変わるなら

**もしも**生まれ変われる**なら**、男になりたい。
(=もし生まれ変われるとしたら ☞p. 53)
If I were born again, I'd like to be a man.
如果能重生，想变成男的。혹시 다시 태어난다면 남자가 되고 싶다.

| | |
|---|---|
| もしも | V/A/na/N普なら |
| | na/Nなら |
| | V/A/na/Nたら |
| | V/Aても |
| | na/Nでも |

◆「もし」を強調

**もしも**地震が起き**ても**、この家、丈夫だから倒れないでしょう。(=もし地震が起きたとしても)
This house won't collapse in a big earthquake because it is well built.
即便发生了地震，因为这房子很结实，所以不会倒塌吧。 혹시 지진이 일어나더라도 이 집 튼튼하니까 넘어지지 않을 것입니다.

もっと! あの子に**もしも**のことがあったら、どうしよう。
(=予想しない大変な出来事)
What shall I do if anything unexpected happens to that child?
如果那孩子万一有个什么事，该怎么办呢。 저 아이가 만일에 하나 잘못되면 어떻게 할까.

れい もしもの場合
もしもの時

**れんしゅう I** 正しいほうに○をつけなさい。

① (a. もし　b. たとえ) あの飛行機に乗っていたら、死んでいたでしょう。

② もし、あの会社から採用通知が来た (a. としたら　b. としても) 入らないつもりです。

③ なぜそんなことをするのですか。もしも私があなた (a. でも　b. なら)、絶対にしないでしょう。

④ 勉強しなければ、何度受けた (a. なら　b. としたって) 受からないでしょう。

⑤ (a. もしも　b. もしかして) の場合には、この引き出しを開けて私の手紙を読んでください。

**れんしゅう II** 下の語を並べ替えて正しい文を作りなさい。＿＿に数字を書きなさい。

⑥ もしも明日 ＿＿ ＿＿ ＿＿ ＿＿ しますか。
1 どう　2 地球が　3 としたら　4 なくなる

⑦ 保険というのは、＿＿ ＿＿ ＿＿ ＿＿ 入るものです。
1 ことを　2 もしもの　3 考えて　4 ときの

▶答えは p.107、正しい文の訳は別冊 p.19 ~ 20

**左ページ上の訳**

"Even if I had not been in charge of this job, we could not have succeeded." — If you had not been in charge, it would have gone well.
"如果不是我，我想这工作不会成功。" — 就算不是你，我认为也会成功…。
"만일 내가 아니었다면 이 일은 성공하지 않았을 거라고 생각한다." — 혹시 당신이 아니었다고 해도 성공했다고 생각하지만…

第6週 2日目

## もっとがんばることにした！

No.32

# 話せることは話せますが…

学習日　月　日（　）

## 114　行われることになっている

明日、新しい企画についての会議が行われることになっている。（＝行われることが決まっている）

There is a meeting planned for tomorrow to discuss a new project.
明天要召开关于新企划的会议。　내일 새로운 기획에 관한 회의가 있을 예정입니다.

Vる / Vない ］ことに なる

今度、大阪に転勤することになりました。（＝転勤することが決まりました）

I will be moving to the Osaka office soon.
这次要调到大阪工作了。　이번에 오사카에 전근하게 되었습니다.

## 115　ジョギングすることにしている

毎朝、30分ジョギングすることにしています。
（＝ジョギングすることを決めて、習慣にしています）

I try to jog for half an hour every morning.
决定每天早晨慢跑30分钟。　매일 아침 30분 조깅을 하기로 했습니다.

Vる / Vない ］ことに する

A「あれ？ 買い物に行かないの？」
B「うん、明日行くことにした。」（＝明日、行くことに決めた）

"Oh. You are not going shopping?" "No. I will go tomorrow instead."
"唉？不去买东西吗？" "嗯。决定明天去。"　"어? 쇼핑하러 가지 않니?"「응, 내일가기로 했어.」

## 116　弾けることは弾けるが…

ピアノは、弾けることは弾けますが、うまくありません。
（＝弾けるのは否定しないが）

I can play the piano but not that well.
钢琴弹是会弹，但弹不好。　피아노는 칠 수는 있지만 잘 치지는 못 합니다.

Vることは Vる / Aいことは Aい / naなことは naだ ］が / けれど

このバッグ、高いことは高いけれど、すごく使いやすいです。（＝高いことは否定しないが）

You may think this bag is expensive but it is very well-designed.
这包贵是贵，但非常好用。　이 가방 비싸기는 하지만 무척 사용하기 좋습니다.

# 117 食べないことはない

鶏肉は、食べ**ないことはない**ですが、あまり好きではありません。（＝食べると言っていいですが）

I eat chicken but I don't like it very much.
鸡肉虽然不是不吃，但不太喜欢。　닭고기는 안 먹는 것은 아니지만，별로 좋아하지 않습니다．

| | |
|---|---|
| Aくない<br>naじゃない<br>Vない<br>Vられない | ことは ない |

走れば間に合わ**ないことはない**よ。急ごう！
（＝きっと間に合う）

"We can still make it if we run. Let's hurry up!"
"如果跑着去倒也不是赶不上。快点吧！"
"달리면 제 시간에 못 가는 것도 아니야．서두르자！"

**れんしゅう I** 正しいほうに○をつけなさい。

① 明日は家に（a. いる　b. いない）ことはいますが、家で仕事をしないといけないんです。

② 急に国へ帰ることに（a. なりました　b. なっています）。

③ 太らないように夜9時を過ぎたら、私は食べないことに（a. して　b. なって）います。

④ 車を運転（a. できる　b. できない）ことはないんですが、ほとんどしません。

⑤ 携帯電話は便利な（a. こと　b. もの）は便利ですが、なくてもいいと思っています。

**れんしゅう II** 下の語を並べ替えて正しい文を作りなさい。＿＿に数字を書きなさい。

⑥ 日本では、車は ＿＿ ＿＿ ＿＿ ＿＿ なっています。

1　ことに　　2　左側を　　3　道路の　　4　運転する

⑦ 生活 ＿＿ ＿＿ ＿＿ ＿＿ 経済的に苦しいです。

1　んですが　　2　ない　　3　ことは　　4　できない

▶答えは p.109、正しい文の訳は別冊 p.20

**左ページ上の訳**

"I can speak some Japanese but only at the daily conversation level. I've decided to go to school in order to improve."
" 日语说是会说，但只会日常会话。因为想说得更好些，所以决定这次去学校。"
" 일본어는 말할수 있는 것은 말할수 있습니다만 일상회화밖에 할수 없습니다．좀더 잘하고 싶으니까 이번에 학교에 가기로 했습니다．"

p.105 の答え：　I－①**a**　②**b**　③**b**　④**b**　⑤**a**　　II－⑥**2→4→3→1**　⑦**2→4→1→3**

第6週 3日目

# もっとがんばることにした！

No.33

## もう少しで乗り遅れるところだった

学習日　月　日（　）

### 118　聞いたところ

**Vた ところ**

先生に今度のテストの範囲を聞いたところ、10課までだと言われた。（＝聞いてみたら）

I asked the teacher about the coming test and was told that it would cover up to Chapter 10.
问了老师这次考试的范围，结果说是到第10课。 선생님께 이번 시험범위를 물었더니 10 과까지라고 했다.

歯が痛いので歯医者さんに行ったところ、ひどい虫歯になっていると言われた。（＝行ってみたら）

I went to see a dentist because I had a toothache, and I was told I had a bad cavity.
因为牙疼，所以去看医生，结果说我有严重的虫牙。 이가 아파서 치과에 갔더니 , 충치가 심하다고 했다.

### 119　もう少しで遅刻するところだった

**Vるところだった**
れい　もうちょっとで…ところだった
危なく…ところだった

もう少しで遅刻するところだった。
（＝遅刻しそうだったが、しなかった）

I was almost late.　差点就迟到了。　조금만 더 늦었으면 지각할 뻔했다.

あと少しで合格するところだったのに……。（＝合格しそうだったが、しなかった）

I almost passed the (entrance) exam.
差一点就合格了，但…　조금만 더 노력했으면 합격할 수 있었을 텐데….

### 120　注意されてはじめて

**Vてはじめて**

先生に注意されてはじめて、漢字の間違いに気が付いた。
（＝注意されたときにはじめて）

I didn't notice the mistake in kanji until the teacher pointed it out.
被老师提醒后才注意到汉字的错误。 선생님께 주의를 받고 비로소 한자가 틀린 것을 알게 되었다.

歌舞伎を見てはじめて、日本文化に興味を持った。（＝見て、それからはじめて）

I didn't have any interest in Japanese culture until I saw kabuki.
看了歌舞伎后才对日本文化感兴趣。 가부키를 보고 비로소 , 일본문화에 흥미를 가졌다.

## 121 明るいうちに

明るい**うちに**帰ってきなさい。（＝明るい間に）

You must come home before dark.

趁着天亮赶紧回来。 밝을 때 돌아오세요 .

何度も聞いている**うちに**歌詞を覚えた。（＝聞いている間に）

I learned the lyrics by heart by listening to them many times.

听了几次，不知不觉中就记住了歌词。 몇 번이나 들으면서 가사를 외웠다 .

忘れない**うちに**、メモをしておこう。（＝忘れる前に）

I will make a quick note before I forget. 趁着还没忘，我记下来。 잊어 버리기 전에 , 메모해 둬야지 .

| | |
|---|---|
| Vている<br>Vない<br>Aい<br>naな<br>Nの | うちに |

**れんしゅう Ⅰ 正しいほうに○をつけなさい。**

① 祖母が（a. 元気な　b. 元気だ）うちに、一度田舎へ帰りたい。

② 駅員に（a. 聞く　b. 聞いた）ところ、落とし物は届いていた。

③ お茶を入れましたから、冷めない（a. うちに　b. ところに）どうぞ。

④ もう少しで階段から（a. 落ちる　b. 落ちた）ところだった。

⑤ あの先生に習うように（a. なったところで　b. なってはじめて）、日本語の勉強がおもしろくなった。

**れんしゅう Ⅱ 下の語を並べ替えて正しい文を作りなさい。＿＿に数字を書きなさい。**

⑥ あとちょっとで試験問題が全部 ＿＿ ＿＿ ＿＿ ＿＿ なってしまった。

1 時間切れに　　2 だったのに　　3 ところ　　4 解ける

⑦ 教えてくれたり、注意してくれる人が ＿＿ ＿＿ ＿＿ ＿＿ ほうがいいですよ。

1 うち　　2 いる　　3 勉強した　　4 に

▶答えは p.111、正しい文の訳は別冊 p.20 ～ 21

**左ページ上の訳**

"I must leave before the last train." "I almost missed the train."

" 必须趁着有电车的时候回去。" " 差点就赶不上了。"

" 전철이 있을 때 돌아가야지 ." " 조금만 더 늦었으면 차를 놓칠 뻔했다 ."

p.107 の答え： Ⅰ－①a　②a　③a　④b　⑤a　Ⅱ－⑥3→2→4→1　⑦4→3→2→1

# もっとがんばることにした！

No.34

学習日　　月　　日（　）

## できるわけがない

難しいわけだ。初級クラスのぼくにできるわけがない。

難しい問題だ。でも、がんばればできないわけではないだろう。

## 122　暑いわけだ

暑い**わけだ**。気温が36度もある。（＝暑いのは当たり前だ）

No wonder it feels hot. It is 36℃.
怪不得热。气温竟然有36度。　더운 것이 당연하다. 기온이 36 도나 된다.

A/na/V普
! naだな
→ わけだ

OK Vている/Vていた
Vられる/Vさせる
→ わけだ

A「田中さん、彼女にふられたらしいよ。」
B「なるほど、それで、元気がない**わけだ**。」（＝元気がないのは当たり前だ）

"It looks like Tanaka-san got dumped by his girlfriend." "No wonder he looks low."
"听说田中好像被女朋友甩了。""原来是这样，怪不得没有精神。"　"다나카 씨 그녀에게 채인것 같다." "그렇구나, 그래서 기운이 없었구나."

## 123　きらいなわけではない

きらいな**わけではない**が、肉はあまり食べない。
（＝特にきらいではないが…）

It's not that I hate it, but I don't eat very much meat.
倒不是不喜欢，我不太吃肉。　싫어하는 것은 아니지만 고기는 그다지 자주 안 먹는다.

A/na/V普
! naだな
→ わけでは ない

OK Vている/Vていた
Vられる/Vさせる
→ わけでは ない

テレビは見ない**わけではない**が、音楽を聴いているほうが多い。（＝見ることもあるが）

I wouldn't say I don't watch TV but I spend more time listening to music.
并不是不看电视，但音乐听得多一些。　텔레비전은 보지 않는 것은 아니지만 음악을 듣는 쪽이 많다.

## 124　勝てるわけがない

あの強い相手に勝てる**わけがない**。
（＝勝てるはずがない／絶対に勝てないと思う）

It's impossible for me to beat such a strong opponent.
不可能胜过那么强的对手。　저 강한 상대에게 이길 리가 없다.

V/A/na/N普 → わけが ない
! naだな/Nだの → わけは ない

OK Vている/Vていた
Vられる/Vさせる
→ わけは ない
→ わけが ない

A「このパン、古くない？」
B「古い**わけない**よ。昨日買ったんだから。」（＝古いはずがない／絶対に古くない）

"Isn't this bread too old?" "It shouldn't be old. I just bought it yesterday."
"这面包不新鲜吧？""不可能不新鲜呀。因为是昨天刚买的。"　"이 빵 오래 되지 않았어?" "오래 됐을 리가 없어. 어제 샀는데."

# 125　休むわけにはいかない

大事な会議があるから、休む**わけにはいかない**。
(＝休むことはできない)

I can't afford to be absent because I have a very important meeting.
因为有重要的会议，不可能休息。중요한 회의가 있으니까 쉴 수는 없다.

社長の命令だから、従わない**わけにはいかない**。
(＝従わないことはできない)

I can't afford to disobey this order because it came from the president.
因为是社长的命令，不能不遵守。　사장의 명령이니까, 따르지 않을 수는 없다.

| | |
|---|---|
| Vる<br>Vない<br>Vている<br>Vさせる | **わけには いかない**<br>**わけにも いかない** |

**れんしゅう Ⅰ** 正しいほうに○をつけなさい。

① こんなところで工事をしていたのか。渋滞する（a. わけだ　b. わけがない）。

② 眠っていた（a. わけだ　b. わけではない）が、ほかのことを考えていた。

③ 規則ですから、30分以上遅刻した場合は、試験を受けさせる（a. わけではない　b. わけにはいかない）んです。

④ うそばかりついている彼が、みんなに信用される(a.わけが　b.わけでは)ないでしょう。

⑤ あ、顔にご飯粒がついていたんだ。みんなにクスクス（a. 笑われて　b. 笑って）いたわけだ。

**れんしゅう Ⅱ** 下の語を並べ替えて正しい文を作りなさい。＿＿に数字を書きなさい。

⑥ 落ちる ＿＿ ＿＿ ＿＿ ＿＿ に落ちてしまった。

1　ない　　2　わけが　　3　試験　　4　学生が

⑦ 窓を少し開けてもいいですか。＿＿ ＿＿ ＿＿ ＿＿ 空気を入れ替えたいんです。

1　わけ　　2　なくて　　3　暑い　　4　では

▶答えはp.113、正しい文の訳は別冊p.21

**左ページ上の訳**

"No wonder it's difficult. There is no way that I will be able to do it with my elementary skills."
"It is a difficult problem but I should be able to do it if I try hard."
"好难呀。上初级班的我不可能会做。" "这是个难题。但是，如果努力，也不是做不到。"
"어려운 것이 당연하다. 초급반인 내가 할 수 있을 리가 없다." "어려운 문제다. 하지만 열심히 하면 못할 것도 없다."

p.109の答え：Ⅰ－①a　②b　③a　④a　⑤b　Ⅱ－⑥4→3→2→1　⑦2→1→4→3

第6週 5日目

## もっとがんばることにした！

No.35

学習日　月　日（　）

# めったに行かない

## 126 決してあきらめない

私は**決して**夢をあきらめ**ません**。（＝絶対夢をあきらめない）

I'll never give up my dream.
我决不会放弃梦想。 나는 결코 꿈을 포기하지 않습니다.

「うそは**決して**申し**ません**。」と彼は言った。（＝絶対言わない）

"I would never lie to you," he said.
他说："我绝不会撒谎。" "거짓말은 결코 말씀드리지 않습니다." 라고 그는 말했다.

決して
- Vない
- Aくない
- naでない
- Nでない

## 127 まったく泳げない

私は**まったく**泳げ**ない**。（＝全然泳げない）

I can't swim at all.
我一点也不会游泳。 나는 전혀 헤엄칠 수 없다.

彼が怒っている理由は、私には**まったく**わから**ない**。（＝全然わからない）

I have no idea why he is so angry.
我丝毫不明白他生气的原因。 그가 화를 내는 이유는 나로서는 전혀 모르겠다.

もっと！ 前とは違う**まったく**新しい計画を立てた。（＝完全に）

I've come up with a totally new plan different from the previous one.
制订了和以前截然不同的新计划。 전과는 전혀 다른 새로운 계획을 세웠다.

まったく
- Vない
- Aくない
- naでない

## 128 めったにない

こんなチャンスは**めったにない**よ。（＝ほとんどない）

There'll be no more chances like this.
这样的机会很少有。 이런 기회는 좀처럼 없다.

忙しくて**めったに**休みが取れ**ない**。（＝ほとんど休みがとれない）

I can hardly take time off as I am so busy.
忙得很少能休假。 바빠서 좀처럼 휴가를 낼 수가 없다.

Nはめったにない
めったに Vない
◆回数が少ないことを表す

# 129 少しもわからない

あの人が話す英語は少しもわからない。（＝全然わからない）
I can't understand his English at all.
那个人说的英语我一点也不懂。 저 사람이 말하는 영어는 조금도 모르겠다.

私は彼の変なくせは、少しも気にならない。（＝全然気にしない）
I don't care about his peculiar habit at all.
我一点也不介意他的怪毛病。 나는 그의 이상한 버릇을 전혀 개의치 않는다.

少しも／ちっとも ＋ Vない／Aくない／naでない

◆否定を強調する
To emphasize the negative.
强调否定。부정을 강조한다.

もっと! 日本語は少ししか話せません。（＝ほとんど話せない／少し話せる）
I can speak only a little bit of Japanese. 日语只会说一点。 일본어는 조금밖에 말할 수 없습니다.

**れんしゅうⅠ 正しいほうに○をつけなさい。**

① 今が大変で、将来のことは（a. まったく　b. めったに）考えられない。

② 食事の量を減らしてダイエットをしているのに、（a. めったに　b. ちっとも）やせないんです。

③ いろいろお世話になりました。親切にしていただいたことは（a. まったく　b. 決して）忘れません。

④ 昨日、何時間も歩いたが、（a. 少しも　b. めったに）疲れていない。

⑤ 彼女は丈夫で（a. 決して　b. めったに）病気をしないのに、インフルエンザにかかったらしい。

**れんしゅうⅡ 下の語を並べ替えて正しい文を作りなさい。＿＿に数字を書きなさい。**

⑥ 私には彼の ＿＿ ＿＿ ＿＿ ＿＿ 理解できない。
1 こと　2 が　3 まったく　4 言う

⑦ ＿＿ ＿＿ ＿＿ ＿＿ うれしい。
1 先生に　2 めったに　3 ほめられて　4 ほめない

▶答えは p.115、正しい文の訳は別冊 p.21 ～ 22

左ページ上の訳

"I rarely go to a drinking party. I can't drink at all so it's no fun."
"很少去参加酒会。因为我一点也不能喝。如果不能喝酒，就一点也没意思。"
"술자리에 좀처럼 가지 않는다. 나는 술을 전혀 못 마시니까. 술을 못 마시면 전혀 즐겁지도 않고."

p.111 の答え： Ⅰ－①a ②b ③b ④a ⑤a　Ⅱ－⑥2→1→4→3 ⑦3→1→4→2

第6週 6日目

もっとがんばることにした！ No.36

学習日　月　日(　)

# その上…

## 130　トマト3個。それとピーマンも。

レタスひとつとトマトを3個ください。**それと**、ピーマンも1袋ください。

I'd like to have 1 head of lettuce, 3 tomatoes, and one bag of green peppers.
请给我一个莴苣和三个西红柿。另外，再给我一袋青椒。
양배추 하나와 토마토 세 개를 주세요. 그 외에 피망도 한 봉지 주세요.

言われたことはしました。**あと**、何をすればいいですか。

I've done what I was told to do. What else can I do?
你让我做的我都做了，现在我该做什么呢？
하라는 것은 다 했습니다. 이제 뭘 하면 됩니까?

A「今日はこれで全員かな。」
B「**あと**、田中さんが来ると思います。」

"Are we expecting any more people today?" "I think Tanaka-san is coming."
"今天这是全体人员吗？" "我想一会儿田中会来。" "오늘은 이렇게 전원이나 봐." "앞으로 다나카 씨가 올 겁니다."

> a。**それと** b。
> a。**あと** b。
> (＝それから)
>
> れい **あと**〈数量〉
> **あと**少し／**あと**ちょっと
>
> ◆aにbを付け加えるときに使う
> To be used when adding one thing (b) to another (a).
> 在a上附加b的时候使用。
> a 에 b를 덧붙일 때 쓴다.

## 131　コーヒー？　それとも紅茶？

コーヒーにしますか。**それとも**紅茶にしますか。

Would you like coffee or tea?
是要咖啡？还是要红茶？　커피로 할까요? 그렇지 않으면 홍차로 할까요?

来週にしましょうか。**それとも**さ来週がいいですか。

Shall we do it next week? Or the week after next?
是定下周？还是下下周好？　다음 주로 할까요? 그렇지 않으면 다다음 주가 좋습니까?

話し合って決めましょうか。**それとも**私が決めてしまってもいいですか。

Do we need to discuss this, or is it OK for me to make the decision myself?
是商量后决定呢？还是我决定好呢？　서로 상의해서 정할까요? 그렇지 않으면 내가 정해버려도 됩니까?

> a？ **それとも** b？
> (＝あるいは／または)
>
> ◆疑問文をつなぐ
> To connect question sentences.
> 连接疑问句。 의문문에 연결한다.

## 132 おいしい。その上安い。

この店の料理はおいしい。**その上**値段も安い。

Not only is the food in this restaurant good, it is cheap.

这家店的饭菜好吃。而且，价格也便宜。 이 가게 요리는 맛있다. 게다가 값도 싸다.

彼は、頭がいい。**その上**スポーツも何でもできる。

Not only is he very bright, he is good at all sports.

他聪明。而且，什么体育项目都会。

그는 머리가 좋다. 게다가 스포츠도 뭐든 잘한다.

> a。**その上**b。
> (=それに)
>
> ◆ a に付け加えて言うときに使う
>
> To be used when adding something to the sentence (a) before.
>
> 在 a 上附加 b 的时候使用。
>
> a 에 덧붙여 말하고 싶을 때 사용한다.



**れんしゅうⅠ** 正しいほうに○をつけなさい。

① 名前を書きましたか。(a. それと　b. その上) ID 番号も忘れずに書いてください。

② 地下鉄で行きますか。(a. それとも　b. あと) JR で行きますか。

③ 掃除と洗濯をして、(a. もう　b. あと) 買物もお願いします。

④ 彼はかっこよくて歌も上手で、(a. その上　b. それとも) 頭もいいんです。

⑤ 第6週の6日目ですから、(a. あと　b. それと) 1日勉強すれば、この本は終わりです。

**れんしゅうⅡ** 下の語を並べ替えて正しい文を作りなさい。____に数字を書きなさい。

⑥ 田中さん遅いですね。電車が遅れているのか、____ ____ ____ ____ どうしたんでしょう。

1　悪いの　　2　体調が　　3　それとも　　4　か

⑦ 新しいバイトを探しているんです。____ ____ ____ ____ もらえないし。

1　交通費も　　2　今のは　　3　それに　　4　遠いし

▶答えは p.117、正しい文の訳は別冊 p.22

**左ページ上の訳**

"Hi! Which hat would you like? I'll give you the one you like. This one or that one?"

"Thanks, (but) ..." (Not only do they both have a weird shape, they're too big.)

"喂，想要哪个帽子？ 把喜欢的给你。是这个？ 还是这个？" "谢谢…" (哪个都样子怪怪的，而且都太大了…)

" 있잖아 , 어느 쪽 모자를 갖고 싶어 ? 마음에 드는 쪽을 줄게 . 이쪽 ? 아이면 이쪽 ? "

" 고마워 ." ( 양쪽다 이상한 형태... 게다가 양쪽 다 너무 크다... )

p.113 の答え： Ⅰ－①a ②b ③b ④a ⑤b　Ⅱ－⑥4→1→2→3 ⑦2→4→1→3

もっとがんばることにした！

# 復習＋敬語

学習日　　月　　日（　）

Q　絵を見てそれぞれの質問に答えましょう。（答えは p.120）

## 1日目

▶p.104～105

**正しいのはどれ？**

a BはAのせいで仕事が成功しなかったと思っている

b Aはだれがやっても仕事は成功したと思っている

c Aは自分のおかげで仕事が成功したと思っている

## 2日目

▶p.106～107

**「話せることは話せる」とは？**

a 話せるわけがない

b 話せるが十分ではない

c 話せるわけではない

## 3日目

▶p.108～109

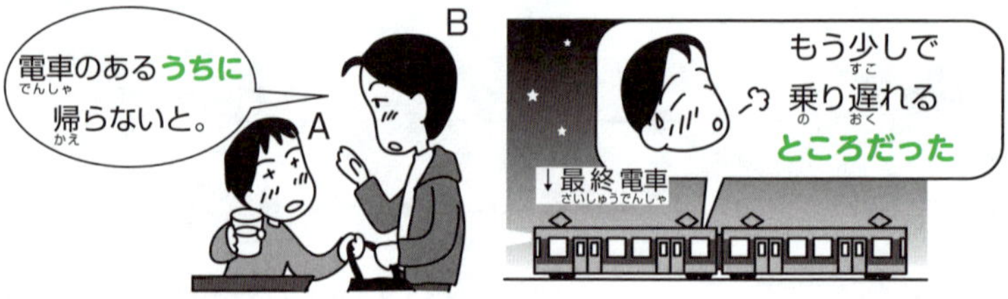


**正しいのはどれ？**

a Bはなんとか最終電車に間に合った

b BはAのせいで電車に乗り遅れた

c Bはもう少し早く出ればよかったと思った

## 4日目

▶p.110～111

「難しいわけだ」とは？
a 難しいはずがない
b 難しいとは限らない
c 難しいのは当たり前だ

## 5日目

▶p.112～113

「めったに行かない」とは？
a まったく行かない
b 決して行かない
c ほとんど行かない

## 6日目

▶p.114～115

Bの気持ちは？
a 大きい変な帽子は要らない
b どちらも素敵なので、迷っている
c Aのかぶっている帽子が欲しい

## 敬語　おねがい …いただく・Vていただく・Vさせていただく

だれがVする？

✤ カタログを**いただけませんか**。←私がもらう

✤ 道を**教えていただけませんか**。←あなたが私に教える

✤ 明日は**休ませていただけませんか**。←私が休む

**【問い】** 下線部を敬語（おねがいの文）に直しなさい。（答えはp.120）

①この写真を<u>もらいたい</u>。

②私の写真を<u>撮ってほしい</u>。

③あなたの写真を<u>撮りたい</u>。

p.115の答え：Ⅰ－①a　②a　③b　④a　⑤a　Ⅱ－⑥**3→2→1→4**　⑦**2→4→3→1**

# まとめの問題

制限時間：20分
1問4点×25問
答えはp.120、解説は別冊p.22～23
点数　／100

**問題1** つぎの文の（　）に入れるのに最もよいものを、1・2・3・4から一つえらびなさい。

**1** 娘の学校では、規則で携帯電話を学校に持っていってはいけない（　　）。

1　ことにしている　　2　ことになっている
3　わけがない　　4　わけにはいかない

**2** もう少しでお弁当を忘れて行く（　　）だった。

1　もの　　2　こと　　3　ところ　　4　わけ

**3** 手伝って（　　）けれど、それでは君のためにならない。

1　あげないことはない　　2　あげることはない
3　あげないことじゃない　　4　あげないことにする

**4** 試験を受けた（　　）、合格した。

1　それと　　2　うちに　　3　ところ　　4　としても

**5** 今夜は早く寝て、あした早く起きて（　　）。

1　勉強することにしよう　　2　勉強するところだった
3　勉強するわけだ　　4　勉強すればよかった

**6** 朝早く目が（　　）が、またすぐに寝てしまいました。

1　覚めたことはあるのです　　2　覚めないことはないのです
3　覚めたことは覚めたのです　　4　覚めたことはないのです

**7** 彼の職場は（　　）女性とは縁がない。

1　まったく　　2　めったに　　3　決して　　4　はじめて

**8** あなたがいくら許してやれといっても、彼を（　　）。

1　許すわけだ　　2　許すわけにはいかない
3　許さないわけにはいかない　　4　許さないわけがない

**9** 両親が（　　）うちに、旅行に連れていきたい。

1　元気　　2　元気だ　　3　元気に　　4　元気な

**10** これは古いから、もし（　　　）またすぐ壊(こわ)れると思いますよ。

1　修理(しゅうり)したら　　2　修理すれば
3　修理したとしても　　4　修理するなら

**11** 目の悪い祖母(そぼ)にあんな遠くの小さい文字(もじ)が（　　　）。

1　見えないわけがない　　2　見えるわけにはいかない
3　見えることは見える　　4　見えるわけがない

**12** A「バスが来るまでここで（　　　）いただけませんか。」
B「あ、いいですよ。どうぞ。」。

1　待って　　2　待たせて　　3　待たれて　　4　お待ちして

**13** 寒い（　　　）。窓(まど)が少し開いているよ。

1　わけではない　　2　わけがない
3　わけだ　　4　わけにはいかない

**14** 眠(ねむ)い。（　　　）10 分寝かせて。

1　あと　　2　それと　　3　もっと　　4　その上

**15** どんなことがあっても、（　　　）この箱(はこ)を開けてはいけません。

1　まったく　　2　決して　　3　めったに　　4　少しも

**問題2** つぎの文の＿★＿に入る最もよいものを、１・２・３・４から一つえらびなさい。

**16** コーヒーは先に ＿＿＿ ＿＿＿ ＿★＿ ＿＿＿ なさいますか。

1　しましょうか　　2　お持ち　　3　あとに　　4　それとも

**17** 私は入社試験に全部落(お)ちて ＿＿＿ ＿＿＿ ＿★＿ ＿＿＿ なった。

1　つぐ　　2　父の　　3　ことに　　4　店を

**18** ＿＿＿ ＿＿＿ ＿★＿ ＿＿＿ はじめて発音が悪いことを知った。

1　聞いて　　2　自分の　　3　日本語を　　4　録音(ろくおん)した

**19** ＿＿＿ ＿＿＿ ＿★＿ ＿＿＿ ぜひ遊(あそ)びに来てください。

1　いる　　2　日本に　　3　僕(ぼく)が　　4　うちに

**20** ＿＿＿ ＿＿＿ ＿★＿ ＿＿＿ まだよく理解していません。

1　復習した　　2　ことは　　3　が　　4　しました

**問題3** つぎの文章(ぶんしょう)を読んで、[21]から[25]の中に入る最もよいものを、１・２・３・４から一つえらびなさい。

信号(しんごう)を守っていたのに車にひかれたことがある。それ以来、私は[ 21 ]車も信号も信用しない[ 22 ]。

信号が青に[ 23 ]うちに「もう行ける」と動き出す車。もう黄色から赤になっているのに「まだ行ける」と無理をする車。[ 24 ]1分とか30秒(びょう)がどうして待てないのだろう。そんなに忙(いそが)しい人たちなのだろうか。

私には[ 25 ]理解ができない。

[21] 1 決して　2 たとえ　3 もしかすると　4 もしも

[22] 1 わけにはいかない　2 ことになっている
3 わけがない　4 ことにしている

[23] 1 変わる　2 変わった　3 変わらない　4 変わらなかった

[24] 1 その上　2 それとも　3 少しも　4 あと

[25] 1 たとえ　2 まったく　3 もしかすると　4 もしも

復習＋敬語（p.116～117）の答え：
[1日目] c [2日目] b [3日目] a [4日目] c [5日目] c [6日目] a
[敬語] ①いただけませんか ②撮っていただけませんか ③撮らせていただけませんか

まとめの問題（p.118～120）の答え：
問題1 [1]2 [2]3 [3]1 [4]3 [5]1 [6]3 [7]1 [8]2 [9]4 [10]3
[11]4 [12]2 [13]3 [14]1 [15]2
問題2 [16]4（2→1→4→3） [17]1（2→4→1→3） [18]3（4→2→3→1）
[19]1（3→2→1→4） [20]4（1→2→4→3）
問題3 [21]1 [22]4 [23]3 [24]4 [25]2

# 模擬試験

●第1回　p.122 ～ 125

●第2回　p.126 ～ 129

答え・解説・訳は別冊にあります。

Answers, explanations and translations can be found in the separate booklet.

答案、解说和翻译在附录的别册里。

대답 · 해설 · 번역은 별책에 있습니다.

月　　日（　）

## 模擬試験

# 第1回

制限時間(せいげんじかん)：25分(ふん)
1問(もん)5点(てん)×20問(もん)
答(こた)えは別冊(べっさつ) p.23～24

点数(てんすう)
／100

**問題1** つぎの文の（　　）に入れるのに最もよいものを、1・2・3・4から一つえらびなさい。

**1** もっと話そうとしたら、電話が（　　　）。

1　切らせた　　2　切っといた　　3　切らないと　　4　切れちゃった

**2** 日本語が上手なのは10年もいるからなんですね。（　　　）上手ですね。

1　そのたびに　　2　それにしては　　3　だとしたら　　4　それにしても

**3** この商品は品質が（　　　）はもちろん値段(ねだん)も手ごろだ。

1　いいの　　2　いい　　3　よく　　4　よさ

**4** 旅行会社に聞いて（　　　）ところ、安い切符(きっぷ)が買えた。

1　みる　　2　みた　　3　みない　　4みなかった

**5** 医者にお酒を（　　　）ように言われた。

1　飲むな　　2　飲みすぎる
3　飲まない　　4　飲んではいけない

**6** 冗談(じょうだん)でも、言われた人は傷(きず)つくことがある。だから、自分が言われていやだと思うことは他人(たにん)にも（　　　）。

1　言うことだ　　2　言わないことだ
3　言うことか　　4　言わないことはない

**7** この小学校は地域(ちいき)の人々に開放(かいほう)されている。（　　　）、地域全体で子どもたちを守り育(そだ)てようとしているのである。

1　それによれば　　2　それについては　　3　それによって　　4　それにしては

**8** 女の人「あれ？今、何時？」
男の人「２時半だよ。」
女の人「大変、もう行かないと。もう少しで約束(やくそく)を（　　　）だった。」

1　忘れたこと　　2　忘れるところ　　3　忘れたばかり　　4　忘れるほど

**9** （レストランで）

店員「Ａセットですね。お飲み物は何になさいますか。」

客　「コーヒー、おねがいします。」

店員「コーヒーですね。いつ（　　　）。」

1　お持ちなさいますか　　2　お持ちになりますか

3　お持ちしましょうか　　4　お持ちいただけますか

**10** （交番で）

男の人「すみません、ここへ行きたいんです。この地図のとおりに来たんですけど。」

警官　「ああ、この建物なら、もうなくなりましたよ。」

男の人「え、そうなんですか。いくらさがしても（　　　）。」

1　ないわけだ　　2　ないわけがない

3　ないわけではない　　4　ないわけにはいかない

**問題２** つぎの文の＿★＿に入る最もよいものを、１・２・３・４から一つえらびなさい。

**11** 英語は ＿＿＿ ＿★＿ ＿＿＿ ＿＿＿ 上手じゃありません。

1　ことは　　2　あまり　　3　話す　　4　話しますが

**12** 有名な ＿＿＿ ＿★＿ ＿＿＿ ＿＿＿ かぎりません。

1　おもしろい　　2　必ずしも　　3　映画が　　4　とは

**13** エコバック ＿＿＿ ＿＿＿ ＿＿＿ ＿★＿ ことですか。

1　のは　　2　の　　3　何　　4　という

**14** ここに ＿＿＿ ＿＿＿ ＿＿＿ ＿★＿ が書いてあります。

1　について　　2　注意　　3　の　　4　受験

**15** 今日は、先生に ＿＿＿ ＿＿＿ ＿＿＿ ＿★＿ 参りました。

1　したい　　2　あって　　3　ことが　　4　お伺い

**問題3** つぎの文章を読んで、文章全体の内容を考えて、[16]から[20]の中に入る最もよいものを、1・2・3・4から一つえらびなさい。

下の文章は留学生が書いた作文です。

今度の誕生日

トルン・ララ

日本へ来てから、私はもうすぐ3度目の誕生日を迎えます。今、私はそのパーティーの計画をしている[16]。自分で自分をお祝いするのではありません。これまで2度の誕生日パーティーをしてくれた人たちへ感謝(注1)の気持ちを伝える計画です。

留学生[17]日本へ来てから、研究ばかりしていて、遊びに行くこともほとんどなく、毎年、自分の誕生日も忘れていましたが、大学の研究室の皆さんが、こっそり(注2)パーティーを計画し、私をびっくりさせ、[18]。日本の料理を食べて日本のお酒を飲みながら、写真を撮ったり、話したりして、楽しい時間を過ごしました。

自分でも忘れている誕生日を覚えていてくれる[19]、外国で一人で生活している私はとても感動(注3)しました。帰国しても[20]忘れないでしょう。日本での幸せな思い出です。ですから、次の誕生日には、私の国の料理を作って、私の気持ちを伝えようと思っているのです。

（注1）感謝：ありがとうと思うこと

（注2）こっそり：知られないように

（注3）感動：心が動くこと

16 1 ばかりです
2 どころです
3 はずがありません
4 どころではありません

17 1 にして
2 のくせに
3 として
4 のわりに

18 1 よろこんであげました
2 よろこんでもらいました
3 よろこばせてくれました
4 よろこばせてあげました

19 1 くらい
2 かわりに
3 なんか
4 なんて

20 1 けっして
2 めったに
3 まったく
4 ちっとも

月　日（　）

# 模擬試験

# 第2回

制限時間：25分
1問5点×20問
答えは別冊 p.24～25

点数　／100

**問題1** つぎの文の（　）に入れるのに最もよいものを、1・2・3・4から一つえらびなさい。

**1** 危ないですから、何か落としても、線路には絶対に（　　）ように。

1　はいる　　2　はいらない
3　はいるな　　4　はいってはいけない

**2** この辞書はぼろぼろになってしまう（　　）使った。

1　ほど　　2　ばかり　　3　こそ　　4　さえ

**3** それを包むには、もう少し（　　）のある紙がよさそうだ。

1　厚い　　2　厚いさ　　3　厚み　　4　厚いみ

**4** 「連休」っていうのは（　　）ですか。

1　なにこと　　2　どういう　　3　なんのいみ　　4　なんのこと

**5** 兄は小説家です。小説家（　　）有名じゃありませんが。

1　といっても　　2　というのは　　3　というより　　4　というと

**6** いつも乗る電車があんな事故になるなんて、今日は（　　）。

1　乗ればよかった　　2　乗らなくてよかった
3　乗ってもよかった　　4　乗らなければいいのに

**7** 日本にいるあいだにサクラの花と雪にさわってみたいです。（　　）、どちらも私の国にはなくて、写真でしか見たことがないからです。

1　つまり　　2　そのために　　3　その結果　　4　なぜなら

**8** 妻「電気、（　　）よ。」
夫「いいんだよ。つけたり消したりするほうが電気代がかかるんだって。」
妻「そうなの？」

1　つけっぱなし　　2　あけっぱなし　　3　けしっぱなし　　4　しめっぱなし

9 （道で）

男の人「あのう、ちょっと（　　　）が、‥」

女の人「はい、なんでしょうか。」

男の人「この辺に花屋はありませんか。」

1　おさがしです　　2　おさがしします

3　おうかがいします　　4　おうかがいです

10 （電話で）

客　　「すみません、さきほどそちらで買い物をしたんですが、傘の忘れ物はありませんでしたか。青い傘で、カタカナでスズキと書いてあるんですが‥。」

店の人「あ、はいはい、スズキ様の青い傘ですね。お預かりしております。」

客　　「ああ、よかった。最近、どこかに行く（　　　）忘れ物をしてしまって‥。」

1　ついでに　　2　たびに　　3　とたんに　　4　うちに

**問題2** つぎの文の＿★＿に入る最もよいものを、１・２・３・４から一つえらびなさい。

11 この本 ＿＿ ＿★＿ ＿＿ ＿＿ しっぱいしてしまった。

1　とおりに　　2　のに　　3　作った　　4　に書いてある

12 この子の病気が ＿＿ ＿＿ ＿★＿ ＿＿ 。

1　ひどく　　2　ありません　　3　ように　　4　そんなに

13 うその電話に ＿＿ ＿★＿ ＿＿ ＿＿ 警察に頼まれた。

1　ふりを　　2　と　　3　してくれ　　4　だまされた

14 さっき ＿＿ ＿＿ ＿★＿ ＿＿ どこにもない。

1　はずの　　2　かばんが　　3　ここに　　4　おいた

15 はやく上手になる ＿★＿ ＿＿ ＿＿ ＿＿ ようにしています。

1　つかう　　2　習った　　3　ことばを　　4　ように

模擬試験

**問題3** つぎの文章を読んで、文章全体の内容を考えて、16 から 20 の中に入る最もよいものを、1・2・3・4から一つえらびなさい。

下の文章は小学生のための新聞に書かれたものです。

「ちょっと変だな」

トンボ(注1)をよく見かける季節になりました。そんな時、頭の中に童謡(注2)「赤とんぼ」の歌詞(注3)が浮かびます。

「夕焼け小焼けの赤とんぼ　おわれてみたのはいつの日か」。この「おわれてみた」の意味を長い間、「追いかけられてみた」と思っていました。本当は「背負(注4)われて見た」だと 16 おとなになってからでした。

童謡の歌詞はかなり前に作られているので、こういうことが時々あります。「ふるさと」は「うさぎ　おいしかの山」で始まりますが、こどものころ「うさぎっておいしい 17 」と思いました。もちろんそんな 18 、「野うさぎを追いかけた山」 19 意味です。「赤い靴」の歌詞には、外国人を意味する「異人さん」が出てきますが、「いいじいさん」と思っていた人がいました。

「ちょっと変だな」と思う歌詞がみなさんにも 20 、調べてみてください。国語のいい勉強になると思いますよ。

「朝日小学生新聞　天声こども語（2021年9月22日付）より」

（注1）トンボ：dragonfly
（注2）童謡：こどものための歌
（注3）歌詞：歌のことば
（注4）背負う：背中にのせる

16 1 知ったのは
2 知らないのは
3 知っていたのは
4 知らなかったのは

17 1 まい
2 だもん
3 っこない
4 のかな

18 1 わけで
2 わけがあって
3 わけはなく
4 わけにはいかなくて

19 1 と
2 という
3 というの
4 ということ

20 1 あると
2 あれば
3 あるから
4 あるので

# さくいん

**太字**＝　　で紹介している表現　細字＝　　の中や もっと! で紹介している表現


あ

〜上がる …… 88
**〜上げる** …… 88
あと …… 114

い

**〜いい(のに)なあ**(→〜といいなあ) …… 90
いくら〜ても／でも …… 50

う

**〈受身形〉** …… 14
**〜うちに** …… 109

お

**〜おかげで**／だ …… 70

か

**〜かけ**(の／だ) …… 88
〜かける …… 88
〜がって …… 60
**〜かな(あ)** …… 91
**必ずしも〜とは限らない** …… 94
〜からこそ …… 33
〜がらないで …… 60
**〜から〜にかけて** …… 92
**〜がる** …… 60
**〜かわりに** …… 70
**〜関して**(は／も) …… 34
〜関する …… 34

き

**[疑問詞]〜ことか** …… 75
**[疑問詞]〜ても／でも** …… 50
**〜きり(だ)** …… 59
〜切る …… 88
**〜切れない** …… 88
〜切れる …… 88

く

**〜くせに** …… 68
**〜くらい**(だ／に／の) …… 72
**〜くらい〜は〜ない** …… 73
**〜比べ(て)** (→〜に比べて) …… 86

け

**決して〜ない** …… 112

こ

**〜こそ** …… 33
**〜こと** …… 36
**〜ことか**(→[疑問詞]〜ことか) …… 75
**〜ことだ** …… 74
**〜ことにする** …… 106
**〜ことになる** …… 106
**〜ことは〜が** …… 106
〜ことは〜けれど …… 106
**〜ことはない** …… 74
**〜ごらん**(なさい)(→〜てごらん) …… 42

さ

**〜さ** …… 36
**〜最中に**／だ …… 57
**〜さえ** …… 32
**〜(さ)せてください** …… 15
〜(さ)せてもらえますか …… 15
〜(さ)せてもらえませんか …… 15

し

**〜しかない** …… 76

す

**少しも〜ない** …… 113
**〜ずに** …… 51

せ

**〜せいで**／せいか／せいだ …… 70
**〜せてください** …… 15
〜せてもらえますか …… 15
〜せてもらえませんか …… 15

そ

**その上** …… 115
そのかわり(に) …… 70
**その結果** …… 78
**そのため(に)** …… 78
**それと** …… 114
**それとも** …… 114
それにしては …… 52
それにしても …… 52

た

**〜対し(て)** (→〜に対しては/も) …… 87
〜対する(→〜に対しては/も) …… 87
**〜だけしか〜ない** …… 32
**だけど** …… 96
**〜だって**(→〜んだって) …… 76
**〜たて**(の／だ) …… 89
**たとえ〜ても／でも** …… 94
**〜たところ** …… 108
**〜たとたん**(に) …… 56
**〜た(な)ら**(→もし〜たなら) …… 104
**〜たび(に)** …… 56
**〜たものだ**／もんだ …… 55
**〜だもん**(→〜んだもん) …… 77
〜たら(いいのに)なあ。 …… 90
〜たら〜のに。 …… 90

ち

**〜ちゃう** …… 16
ちっとも〜ない …… 113

つ

**〜ついて**(は／も／の) …… 34
**〜ついでに** …… 56

～っきり(だ) 59
～っけ 76
～って(→～んだって) 76
～っていうの／こと 39
～っていうのは 38
～っぱなし 58
～っぽい 19
つまり 78
～つもりだった 54


## て

～てくれと～ 43
～てごらん(なさい) 42
～でさえ 32
ですから 96
～てばかり(だ／の／で) 32
～てばかりいる 32
～てはじめて 108
～てほしい 60
～ても／～でも 50
～てもらいたい 60


## と

～といい(のに)なあ 90
～という 38
～というか 40
～ということ 39
～ということだ 74
～というと 40
～というの 39
～というのは 38
～というより 40
～といえば 40
～といったら 40
～といっても 41
どうしてかというと 79
～とおり／どおり 58
～とく 17
～ところ(→～たところ) 108
ところが 96
～ところだった 108
ところで 97
～としたら 53
～として(は／も／の) 52
～としても(→もし～としても) 104
～とすれば 53
～とたん(→～たとたん) 56
～とは限らない
(→必ずしも～とは限らない) 94
どんなに～ことか 75
どんなに～ても／でも 50


## な

～ないかな(あ)。 91
～ないことはない 107
～ないでくれと～ 43
～ないと 16
～ないよう(に)～ 42
～なくちゃ 16
なぜかというと 79
なぜなら(ば) 79
～など 69
～なと～ 42
～なら(→もしも～なら) 105
～なんか／なんて 69
何度～ことか 75


## に

～において 93
～にかけて(→～から～にかけて) 92
～にかわって／かわり 71
～に関して(は／も) 34
～に関する 34
～に比べ(て) 86
～にさえ 32
～にしては 52
～にしても 52
～に対し(て) 87
～に対しては／も 87
～に対する 87
～について(は／も／の) 34
～にとって(は／も) 68
～によって(は) 35
～により 35
～による 35
～によると 34
～によれば 34
(～に)～れる 14


## の

～の 37


## は

～ば(いいのに)なあ 90
～ばかり(だ／の／で) 32
～ばかりいる 32
～ばかりか… (も) 86
～ばかりでなく… (も) 86
～はじめて(→～てはじめて) 108
～はずがない 54
～はずだ 54
～ぱなし(→～っぱなし) 58
～ば～のに 90
～ば～ほど 72
～はもちろん…も 86
～ばよかった 90


## ふ

～ふりをする 61


## へ

～べきだ 54
～べきではない 54


## ほ

～ぽい(→～っぽい) 19
～ほど(だ／に／の) 72
～ほど～は～ない 73


## ま

～ますように 23
～ませんように 23
まったく～ない 112
～まで 92
～まま 58
まるで～みたい 95

**まるで〜よう** 95

**み**

**〜み** 36
**〜みたい(だ／に／な)** 18
〜みたい(→まるで〜みたい) 95

**め**

**[命令形]と言われる etc.** 42
**めったに〜ない** 112

**も**

**もしかすると〜かもしれない** 94
もしかしたら〜かもしれない 94
**もし〜た(な)ら** 104
もし〜としたって 104
**もし〜としても** 104
**もしも〜なら**／たら／ても 105
**〜もちろん…も**(→〜はもちろん…も) 86
**〜ものだ**(→〜たものだ) 55
**〜もん**(→〜んだもん) 77
〜もんだ(→〜たものだ) 55

**よ**

**〜よう**(→まるで〜よう) 95
**〜ようとしない** 25
**〜ようとする** 24
**〜ようと思う** 24
**〜ように** 20, 22
**〜ように。** 22
**〜ように。**(→〜ますように) 23
**〜よう(に)言う／頼む** 42
**〜ようにする** 20
**〜ようになる** 21
**〜よかった**(→〜ばよかった) 90
〜よると(→〜によると) 34
**〜よれば**(→〜によれば) 34

**ら**

**〜らしい** 18

**れ**

〜れますように。 23
**〜れる**〈受身形〉 14

**わ**

**〜わけがない** 110
**〜わけだ** 110
**〜わけではない** 110
**〜わけにはいかない** 111
〜わけにもいかない 111
〜わけはない 110
**〜わりに**(は) 68

**ん**

**〜(んだ)もん** 77
**〜(んだ)って** 76


## 敬語表現


**い**

いただく 117
いただけませんか 117
いらっしゃる 45

**う**

伺います 99

**お**

お〜いたします 81
お伺いします 99
お〜ください 63
お〜する 63
おっしゃいますか 27
おっしゃる 27
お〜になる 63
おる 45

**ご**

ご〜する 63
ご〜になる 63

**さ**

〜させていただく 117
〜させていただけませんか 117

**て**

〜ていただく 117
〜ていただけませんか 117

**な**

〜なさいますか 81

**ま**

参ります 45
参る 45

**も**

申します 27
申す 27

イラスト　花色木綿
翻訳・翻訳校正　Hannah Rosszell／Rory Rosszell／Ian Chun／株式会社アミット(英語)
李煒／朱浩育／株式会社アミット（中国語）
崔明淑／鄭善英／時事日本語社／鄭玄実／株式会社アミット（韓国語）
ナレーション　谷口恵美／遠近孝一
編集協力・DTP　株式会社明昌堂
装丁　岡崎裕樹
印刷・製本　日経印刷株式会社

「日本語能力試験」対策
**日本語総まとめ N3 文法 [増補改訂版]**

2010年3月20日　初版　第1刷発行
2022年5月25日　増補改訂版　第1刷発行
2026年3月25日　増補改訂版　第8刷発行

著　者　佐々木仁子・松本紀子
発　行　株式会社アスク
〒162-8558　東京都新宿区下宮比町2-6
発行人　天谷修身


Printed in Japan　ISBN978-4-86639-490-9

書籍に関するお問い合わせ

PC https://ask-books.com/support/　Smartphone

増補改訂版「日本語能力試験」対策

**日本語総まとめ**

# N3 文法

# 別冊

▷ れんしゅう [正しい文＋訳]

▷ まとめの問題 [解説] または [正しい文＋訳]

▷ 模擬試験 [答え]、[解説] または [正しい文＋訳]

正しい文のルビを隠しながら読む練習もできます。

# 第1週

## 1日目　れんしゅう（p.15）

① 英語は世界中で話されています。

English is spoken all over the world. / 英语在全世界范围内得以使用。 / 영어는 전 세계에서 사용되고 있습니다.

② この建物は三百年前に建てられました。

This building was built 300 years ago. / 这座建筑建于三百年前。 / 이 건물은 300 년 전에 지어졌습니다.

③ 急に社員に辞められた。

An employee suddenly resigned. / 员工突然辞职了。 / 갑자기 직원이 그만뒀다.

④ その話はもうちょっと考えさせて。

Let me think about that a little more. / 这件事让我再想想。 / 그 이야기는 조금만 생각할 시간을 줘.

⑤ 今日は熱があるので休ませてください。

I have a fever today, so please let me rest. / 今天发烧了，所以请允许我休假。 / 오늘은 열이 있으니까 쉬게 해주세요.

⑥ オリンピックは４年に一度開かれます。

The Olympic Games are held once every four years. / 奥运会每四年举办一次。/ 올림픽은 4 년에 한 번 열립니다.

⑦ 日本の印象についてインタビューさせてもらえませんか。

Could I interview you about your impressions of Japan? / 能否采访一下您对日本的印象？ / 일본의 인상에 대해 인터뷰해줄 수 있을까요?

## 2日目　れんしゅう（p.17）

① あ、バス、行っちゃった。

Oh, the bus has gone. / 啊，公共汽车开走了。 / 아, 버스를 놓쳤어.

② A「パソコン消す？」

B「まだ使うからつけといて。」

"Shall I turn off the computer?" "I'm still using it, so leave it on." / "电脑要关吗？" "还要用的，开着吧。" / "컴퓨터를 끌까?" "아직 쓰고 있으니까 켜놔."

③ あ、図書館の本返さないと。

Oh, I have to return the books from the library. / 啊，该还图书馆的书了。 / 아, 도서관에 책을 반납해야 해.

④ これ、来週までに読んどいて。

Read this by next week. / 这个，请在下周前读完。 / 이거, 다음 주까지 읽어둬.

⑤ あーあ、雨に降られちゃった。

Oh, I got caught in the rain. / 啊，下雨了。 / 아아, 비를 맞았어.

⑥ 起きないと、と思ったのに、また寝ちゃった。

I knew I'd have to get up, but I fell asleep again. / 明明想着该起床了，居然又睡着了。 / 일어나려고 했는데 다시 잠들어 버렸다.

⑦ おやつにりんごを置いといたのに、食べなかったの？

I left you an apple for a snack; didn't you eat it? / 都把零食和苹果放着了，居然没吃？ / 간식으로 사과를 놔뒀는데 안 먹었어?

## 3日目　れんしゅう（p.19）

① 冬なのに今日は暖かくて春みたいです。

It's winter, but today it's warm and feels like spring. / 明明是冬天，今天居然像春天一样暖和。 / 겨울인데 오늘은 따뜻해서 봄 같아요.

② 母はいつも子どもっぽい服を着ている。

My mother always wears clothes a child would wear. / 妈妈总是穿着像小孩一样的衣服。 / 엄마는 항상 어린애 같은 옷을 입는다.

③ 逃げたのは、黒っぽい車でした。

It was a black-colored car that sped away. / 逃跑的是辆黑乎乎的车。 / 도주한 것은 거무스름한 자동차였습니다.

④ 試験を受けたけど、合格は無理みたいです。

I took the test, but it seems unlikely I'll pass. / 虽然参加了考试，但似乎不可能及格。 / 시험을 쳤지만 합격은 힘들 것 같습니다.

⑤ うちの子には、子どもらしく元気に育ってほしい。

I want my child to grow up healthy, like a child should. / 我希望我的孩子拥有孩子该有的样子，健康长大。 / 우

리 아이는 아이답고 건강하게 자라기를 바란다.

⑥ 今からお話しするのは、うそみたいな本当の話です。

What I'm about to tell you may seem untrue, but it's the truth. / 现在要讲的是一个像谎言一样的真实故事。 / 지금부터 하는 이야기는 거짓말 같은 실화입니다.

⑦ 明日は、よく晴れて秋らしい天気になるでしょう。

It will be sunny tomorrow, like fall weather. / 明天放晴，会是一个典型的秋日。 / 내일은 화창해서 가을 같은 날씨가 되겠습니다.

## 4日目 れんしゅう (p.21)

① 風が入らないように、窓を閉めておきましょう。

Keep the windows closed to prevent the wind from blowing in. / 为了不让风进来，把窗户关上吧。 / 바람이 들어오지 않게 창문을 닫아두세요.

② 健康のために野菜を食べるようにしています。

I'm trying to eat more vegetables for my health. / 为了健康，我会尽量吃蔬菜。 / 건강을 위해 채소를 먹고 있습니다.

③ 大学に合格できるように、一生懸命勉強しています。

I'm studying really hard so I can get into university. / 为了能考上大学，正在努力学习。 / 대학에 합격할 수 있도록 열심히 공부하고 있습니다.

④ 日本人みたいに日本語が話せるようになりたい。

I want to be able to speak Japanese like a Japanese person. / 我希望能像日本人一样说日语。 / 일본인처럼 일본어를 잘 구사하고 싶다.

⑤ このインターホンは、留守にだれが来たかわかるようになっている。

This intercom is designed to let you know who visited while you were away. / 这个门禁对讲机可以让人知道不在的时候谁来过。 / 이 인터폰은 집을 비웠을 때 누가 찾아왔는지 알 수 있게 되어있다.

⑥ インフルエンザにならないように、うがいや手洗いをするようにしています。

I try to gargle and wash my hands so that I don't get the flu. / 为了不感染流感，我尽量漱口和洗手。 / 독감에 걸리지 않도록 양치질과 손 씻기를 하고 있습니다.

⑦ たいていの電気製品は、1年以内なら、こわれても無料で直してもらえるようになっている。

Most electric appliances can be repaired free of charge if they break within a year. / 大多数电器如果在1年内的话，即使坏了也可以免费维修。 / 대부분의 전자제품은 1년 이내라면 고장 나도 무상 수리를 받을 수 있게 되어있다.

## 5日目 れんしゅう (p.23)

① 遅れる場合は、連絡するように。

If you are going to be late, please let me know. / 如果要迟到的话，请联系。 / 늦을 때는 연락하도록.

② いい仕事が見つかりますように。

I hope you find a good job. / 希望能找到一份好工作。 / 좋은 일자리를 찾기를 바란다.

③ 次のように修正してください。

Please correct as follows. / 请照着以下内容修改。 / 다음과 같이 수정해주십시오.

④ 今、テレビなどでコマーシャルをしているように、これの新製品がもうすぐ発売されます。

A new version of this product will be released soon, as shown now in TV commercials, etc. / 就像现在电视之类演的广告一样，这个新产品即将上市。 / 지금 TV 등에서 광고하는 것처럼 이것의 신제품이 곧 출시됩니다.

⑤ 雪が降っていますから、転ばないように注意して出かけてください。

It's snowing, so take care not to fall over when you go out. / 下雪了，所以出门请注意不要摔倒。 / 눈이 내리고 있으니 넘어지지 않게 조심해서 외출하십시오.

⑥ 私が作った曲を皆さんが喜んでくれますように。

I hope you'll all be pleased with the song I wrote. / 希望大家会喜欢我作的曲子。 / 내가 만든 곡을 사람들이 좋아하기를 바란다.

⑦ いつも言っているように無理をしすぎないように。

As I always say, don't overdo it. / 就像平时说的一样，别太过勉强。 / 늘 말했듯이 너무 무리하지 말도록.

## 6日目　れんしゅう（p.25）

① おふろに入ろうとしたとき、だれか来ました。

Someone arrived just as I was about to have a bath. / 正要洗澡时，有人来了。 / 욕조에 들어가려고 할 때, 누군가가 찾아왔습니다.

② 父はそれについて何も話そうとしない。

My father doesn't want to say anything about it. / 关于那件事，父亲只字不提。 / 아버지는 그것에 대해 아무 말씀도 하지 않는다.

③ このジャムのふたは、いくら開けようとしても開かない。

No matter how hard I try to open the lid of this jam jar, it won't open. / 这个果酱的盖子，怎么开都开不开。 / 이 잼의 뚜껑은 아무리 열려고 해도 열리지 않는다.

④ A「昨日は授業に来なかったね。」
B「うん、来ようと思っていたんだけど、熱が出て休んだんだ。」

"You didn't come to class yesterday, did you?" "Yeah, I was going to come in, but I had a fever and took the day off." / "你昨天没来上课吧。" "嗯，本来想来的，但是发烧了，就休息了。" / "어제는 수업에 안 나왔지?" "응, 오려고 했는데 열이 나서 쉬었어."

⑤ 買おうと思って書いといたメモを忘れてきちゃった。

I forgot to bring the shopping list I'd written. / 把写着打算买的东西的便条给忘了。 / 살 물건을 적어놓은 메모를 두고 와버렸다.

⑥ 弟の好きなゲームを誕生日に買ってやろうと思っています。

I'm going to buy my brother his favorite game for his birthday. / 打算在生日那天给弟弟买他喜欢的游戏。 / 남동생이 좋아하는 게임을 생일에 사줄 생각입니다.

## 7日目　まとめの問題（p.28～30）

**問題1**

1 止めさせてもらえませんか（＝止めてもいいですか／止めさせてください）

2 直そうとしない（＝直す意志がない）

3 おっしゃっている（＝言っている）
いつも→「ている」

4 グラフからもわかるように（＝グラフからわかるのと同じで）

5 車が買えるように（＝車が買える状態にすることが目的で）

6 この写真みたいな（＝この写真のような）

7 死んじゃう（＝死んでしまう）

8 早く準備しないと（＝早く準備をしなければならない）

9 よく知られている（＝多くの人が知っている）

10 あびようとした（＝あびる動作を始めた）

11 図のように（＝図と同じに）

12 使うようにしましょう（＝使う努力をしましょう）

13 水っぽい（＝水分が多くて薄い感じがする）

14 消しといて（＝消しておいて）

15 そこにいられると（＝あなたがそこにいると）
いると迷惑という気持ち

**問題2**

16 ここで作られた車は、多くの国に輸出されています。

The cars made here are exported to many countries. / 这里生产的汽车出口到许多国家。 / 이곳에서 만들어진 자동차는 여러 나라에 수출됩니다.

17 あの学生は、日本語がわかるようになってから明るくなったみたい。

Since he learned to speak Japanese, that student seems to have brightened up. / 自从听得懂日语后，那名学生好像变得开朗了。 / 그 학생은 일본어를 알아듣게 된 후로 밝아진 것 같다.

18 忘れちゃうといけないからメモしといたのに、そのメモをなくしちゃった。

I made a note in case I forgot something, but then I lost the note. / 因为不能忘，所以就记了笔记，但是把那个笔记弄丢了。 / 잊어버리지 않으려고 메모해놨는데 그

메모를 잃어버렸다.

19 この子は、大人みたいな話し方をして、子どもらしくない。

That kid speaks like an adult, not like a child. / 这个孩子说话方式像大人，没有小孩样。 / 이 아이는 어른 같은 말투를 써서 어린애 같지 않다.

20 安売りセールで、買おうと思っていたシャツをほかの人に買われてしまいました。

At the sale, someone else bought the shirt I was going to buy. / 大减价特卖时想买的衬衫被其他人买走了。 / 할인 판매에서 사려고 했던 셔츠를 다른 사람이 사버렸습니다.

**問題3**

21 中のほうはすいていました。それで？

22 ～行けませんでした。～からです。

行けなかった理由は？

23 入りたいとていねいに頼む。

24 「降りる」は ru-verb。「降りろう」はまちがい。

25 入りたくなくても、入る努力をする。

# 第2週

## 1日目　れんしゅう（p.33）

① 忙しくて、昼ごはんを食べる時間さえない。

I'm so busy I don't even have time to eat lunch. / 忙得连吃午饭的时间都没有。 / 바빠서 점심을 먹을 시간조차 없다.

② うちのねこは、寝てばかりいる。

My cat sleeps all the time. / 我家的猫总是在睡觉。 / 우리 고양이는 잠만 잔다.

③ このクラスでは、日本語だけしか使わないように。

Please use only Japanese in this class. / 在这个班里尽量只使用日语。 / 이 학급에서는 일본어만 사용하도록.

④ リンさんは、日本人でさえ読めない漢字が読める。

Rin can read Chinese characters that even Japanese people can't read. / 小 Rin 能读懂连日本人都不会读的汉字。 / 린 씨는 일본인조차 못 읽는 한자를 읽을 수 있다.

⑤ そんなに働いてばかりいては、体をこわしますよ。

If you work so hard all the time, you will ruin your health. / 老是这么工作，身体会垮的。 / 그렇게 일만 하다간 건강을 해칠 거예요.

⑥ 難しい仕事だからこそおもしろいと、友人は言った。

My friend said it was interesting because it was such a difficult job. / 朋友说正是因为是一项困难的工作，所以才有趣。 / 어려운 일이기 때문에 더 재미있다고 친구가 말했다.

⑦ 家族にさえ言えないこともある。

There are some things you can't even tell your family. / 也会有连家人都不能告诉的事情。 / 가족에게조차 말할 수 없는 것도 있다.

## 2日目　れんしゅう（p.35）

① 話し合いによって問題を解決する。

Solve problems through discussion. / 通过谈话来解决问题。 / 대화를 통해 문제를 해결한다.

② この雑誌によると、駅前のラーメン屋はおいしいらしい。

According to this magazine, the ramen shop by the station is supposed to be delicious. / 据这本杂志说，那家车站前的拉面店好像很好吃。 / 이 잡지에 따르면, 저 역 앞의 라멘 가게가 맛있다고 한다.

③ この新聞記事について、聞きたいことがあります。

I have a question about this newspaper article. / 关于这篇报纸报道，有事情想问。 / 이 신문 기사에 대해 묻고 싶은 것이 있습니다.

④ 新聞によって、ニュースの伝え方が違う。

Different newspapers report the news in different ways. / 新闻的报道方式因报纸而异。 / 신문에 따라 뉴스를 전달하는 방식이 다르다.

⑤ 市民の力により、町はきれいになった。

The town was cleaned up through the efforts of its residents. / 依靠市民的力量，街区变得干净整洁了。 /

시민의 힘으로 마을이 깨끗해졌다 .

⑥ 台風(たいふう)による被害(ひがい)は、さらに広(ひろ)がっています。

Damage caused by the typhoon continues to spread. / 台风造成的损失进一步扩大了。 / 태풍으로 인한 피해는 더욱 커지고 있습니다 .

⑦ この町(まち)の歴史(れきし)に関(かん)する本(ほん)をさがしています。

I'm looking for a book about the history of this town. / 在找一本关于这个城镇历史的书。 / 이 마을의 역사에 관한 책을 찾고 있습니다 .

## 3日目 れんしゅう (p.37)

① 彼(かれ)が作(つく)った映画(えいが)には、やさしさがあふれている。

The movies he made are full of kindness. / 他拍的电影充满了温情。 / 그가 만든 영화는 다정함이 넘친다 .

② そんなむりなことを言(い)わないでください。

Please don't say such unreasonable things. / 请不要说这种不可能的事情。 / 그런 억지는 쓰지 마세요 .

③ どの作品(さくひん)にもよさがあります。

Every kind of work has its own advantages. / 每个作品都有优点。 / 어느 작품이든 장점은 있습니다 .

④ スポーツは見(み)るのは好(す)きなんですが……。

I like watching sports, but ... / 虽然喜欢看体育比赛…… / 스포츠는 보는 것은 좋아하지만…….

⑤ この文章(ぶんしょう)には、書(か)いた人(ひと)のまじめさが表(あらわ)れている。

This sentence demonstrates the serious nature of the person who wrote it. / 这篇文章体现了作者的认真态度。 / 이 문장에는 작성한 사람의 진지함이 나타나 있다 .

⑥ 私(わたし)は、少(すこ)し苦(にが)みのあるコーヒーが好(す)きです。

I prefer my coffee a little bitter. / 我喜欢有点苦味的咖啡。 / 저는 조금 쓴 맛이 나는 커피를 좋아합니다 .

⑦ 明日(あした)のテストのことを聞(き)きましたか。

Have you heard about tomorrow's test? / 听说明天考试的事情了吗? / 내일 시험 이야기는 들었습니까 ?

## 4日目 れんしゅう (p.39)

① 禁煙(きんえん)というのは、たばこを吸(す)ってはいけないということです。

"No smoking" means you're not allowed to smoke. / 禁烟是指不可以吸烟。 / 금연이란 담배를 피우면 안 된다는 뜻입니다 .

② バイトっていうのは、アルバイトのことです。

The Japanese term baito refers to a part-time job. / 日语的"baito"是指打工。/ 알바란 아르바이트라는 뜻입니다 .

③ これは日本(にほん)のヒーターで、「こたつ」というものです。

This is a Japanese heater called a kotatsu. / 这是日本的取暖器,叫做"kotatsu"。/ 이것은 일본의 난방 장치로 '고타쓰' 라는 것입니다 .

④ たたみとかしょうじといった日本的(にほんてき)なものに興味(きょうみ)があります。

I'm interested in Japanese things such as tatami mats and shoji screens. / 对榻榻米、纸拉窗等日式物品很感兴趣。 / 다다미나 미닫이 ( 쇼지 ) 처럼 일본적인 것에 관심이 있습니다 .

⑤ 私(わたし)が会社(かいしゃ)を辞(や)めるというのは、冗談(じょうだん)ですよ。

When I said I was quitting the company, I was kidding. / 我说辞职是开玩笑的。 / 제가 회사를 그만둔다고 한 것은 농담이에요 .

⑥ この店(みせ)は年中無休(ねんじゅうむきゅう)、つまり、休(やす)みはないということです。

This store is open all year round, which means there are no vacations. / 这家店全年无休, 也就是说不休息。 / 이 가게는 연중무휴 , 즉 쉬는 날이 없다는 뜻입니다 .

## 5日目 れんしゅう (p.41)

① 庭(にわ)があるといっても、とても小(ちい)さいです。

Although there is a garden, it is very small. / 虽说有院子,但非常小。 / 정원이 있다고 해도 매우 작습니다 .

② 息子(むすこ)の部屋(へや)は、部屋(へや)というよりゴミ箱(ばこ)だ。

My son's room is more like a trash can than a room. / 儿子的房间与其说是房间, 更像是垃圾桶。 / 아들의 방은 방이라기보다 쓰레기통이다 .

③ 代表的(だいひょうてき)な日本料理(にほんりょうり)というと、すしや天(てん)ぷらでしょうか。

Typical Japanese dishes include sushi and tempura. / 说到典型的日本料理, 要数寿司和天妇罗吧。 / 대표적인

일본 요리라고 하면 역시 초밥이나 덴푸라일까요 .

④ 彼(かれ)の失礼(しつれい)な態度(たいど)に、怒(おこ)るというよりあきれてしまった。

I was more disgusted than angry at his rude attitude. / 对于他无礼的态度，与其说是生气，不如说是无语。 / 그의 무례한 태도에 화가 나기보다 기가 막혔다 .

⑤ 日本(にほん)の山(やま)といったら、富士山(ふじさん)です。

The most famous mountain in Japan is Mount Fuji. / 说到日本的山，那就是富士山了。 / 일본의 산이라고 하면 역시 후지산입니다 .

⑥ 子(こ)どもの好(す)きな動物(どうぶつ)というと、象(ぞう)でしょうか。

The elephant is a favorite animal among children, right? / 要说孩子们喜欢的动物的话，是大象吧？ / 아이가 좋아하는 동물이라고 하면 역시 코끼리일까요 .

⑦ A「頭(あたま)が痛(いた)いの？」

B「いや、痛(いた)いというか重(おも)いんだ。」

"Does your head ache?" "No, it doesn't hurt, it feels heavy." / "头疼吗？" "不，与其说是疼，更像是沉。" / "머리가 아파？" "아니 , 아프다기보다 무거워 ."

## 6日目　れんしゅう（p.43）

① 医者(いしゃ)にたばこを吸(す)いすぎるな、と注意(ちゅうい)されました。

The doctor warned me not to smoke too heavily. / 医生告诫我不要抽太多烟。 / 의사가 담배를 너무 많이 피우지 말라고 경고했습니다 .

② 明日(あした)は８時(じ)までに会社(かいしゃ)にこい、と言(い)われました。

I was told to come in to work at 8 AM tomorrow. / 被告知明天 8 点前要到公司。 / 내일은 8 시까지 회사에 오라는 말을 들었습니다 .

③ 田中(たなか)さんに、あまり無理(むり)をしないように言(い)ってください。

Please tell Mr. Tanaka not to push himself too hard. / 请告诉田中不要太勉强。 / 다나카 씨에게 너무 무리하지 말라고 전해주세요 .

④ この資料(しりょう)を50部(ぶ)コピーするように頼(たの)まれました。

I was asked to make 50 copies of this document. / 被委托将这一资料复印 50 份。 / 이 자료를 50 부 복사해달라고 부탁받았습니다 .

⑤ できるかできないか、とにかくやってごらんなさい。

Anyway, just try and see whether or not you can do it. / 不管能不能做到，总之先做着试试。 / 할 수 있을지 없을지 모르겠지만 , 아무튼 해보세요 .

⑥ このことは、だれにも言(い)わないでくれと言(い)われたんです。

I was told not to tell anyone about this. / 被告知不要把这件事告诉任何人。 / 이 일은 아무한테도 말하지 말라고 했어요 .

⑦ A「あれはどういう意味(いみ)ですか。」

B「お酒(さけ)を飲(の)んだら運転(うんてん)するな、運転(うんてん)するならお酒(さけ)を飲(の)むな、という意味(いみ)です。」

"What does that mean?" "It means don't drive if you drink, and don't drink if you drive." / "那是什么意思？" "喝酒就不要开车，开车就不要喝酒的意思。" / "저것은 무슨 뜻인가요？" "술을 마시면 운전하지 말고 , 운전하려면 술을 마시지 말라는 뜻입니다 ."

## 7日目　まとめの問題（p.46～48）

**問題１**

[1] 大人(おとな)だけしか入(はい)れません（＝大人(おとな)だけ入(はい)れます）

[2] 間違(まちが)えてばかりいる（＝いつも間違(まちが)える）

[3] 商品(しょうひん)に関(かん)する（＝商品(しょうひん)に関係(かんけい)する）

[4] 寒(さむ)いことは（＝寒(さむ)いという事実(じじつ)は）

[5] お茶(ちゃ)さえ（＝お茶(ちゃ)も）

[6] 見(み)るのが好(す)き（＝見(み)ることが好(す)き）

[7] よくかんでゆっくり食(た)べるように（＝「よくかんでゆっくり食(た)べてください」と）

[8] 言(い)ってごらん（＝言(い)ってみなさい）

[9] 音(おと)の静(しず)かさだ（＝音(おと)が静(しず)かなことだ）

[10] 夜遅(よるおそ)く騒(さわ)がないように言(い)ってください（＝「夜(よる)遅(おそ)く騒(さわ)がないでください」と言(い)ってください）

[11] 青(あお)といっても（＝言葉(ことば)は「青(あお)」だが）

[12] 注意書(ちゅういが)きによれば（＝注意書(ちゅういが)きに書(か)いてあったが）

[13] 事故(じこ)による（＝事故(じこ)が原因(げんいん)の）

14 わからないからこそ　「こそ」は強調

15 参ります（=行きます）

**問題2**

16 先生たちのなかで、フランス語が話せる人は一人しかいません。

Only one of the teachers can speak French. / 老师中只有一个人会说法语。 / 선생님 중, 프랑스어를 할 수 있는 사람은 한 명밖에 없습니다.

17 彼が UFO を見たというのは、うそだった。

It was a lie that he'd seen a UFO. / 他说看到过不明飞行物这件事是骗人的。 / 그가 UFO 를 봤다는 것은 거짓말이었다.

18 学生たちに辞書を持ってくるように言うのを忘れました。

I forgot to tell the students to bring a dictionary. / 忘了告诉学生们带辞典来。 / 학생들에게 사전을 가져오라고 말하는 것을 깜빡했습니다.

19 夜遅く大きい音でテレビを見ないでくれ、と注意された。

I was warned not to watch TV too loudly late at night. / 被警告不要在深夜用大音量看电视。 / 밤늦게 큰소리로 TV 를 보지 말라고 주의를 받았다.

20 この地震によるつなみの心配はありません。

There's no need to worry about this earthquake causing a tsunami. / 这场地震没有引起海啸的担忧。 / 이 지진으로 인한 쓰나미는 걱정할 필요 없습니다.

**問題3**

21 犬というと（=「犬」と聞くと）

22 めんどうなだけではないと言いたい

23 仕事といっても（=言葉は「仕事」だが）

24 仕事というより遊びのよう（=仕事より遊びに近い）

25 「本当の仕事」の説明

# 第3週

## 1日目　れんしゅう（p.51）

① 田中さんの部屋は、いつ行っても片づいている。

Tanaka's room is always kept tidy. / 田中的房间无论什么时候去，都收拾得干干净净。 / 다나카 씨의 집은 언제 찾아가도 잘 정돈되어 있다.

② 家族に相談せずに留学を決めた。

I decided to study abroad without discussing it with my family. / 没有和家人商量就决定留学了。 / 가족과 상의 없이 유학을 결정했다.

③ 便利でも、私は電子レンジはほとんど使いません。

They might be convenient, but I rarely use microwave ovens. / 虽然方便，但我几乎不使用电子微波炉。 / 편리하지만 저는 전자레인지를 거의 사용하지 않습니다.

④ そのマラソンランナーは、どんなに苦しくてもあきらめませんでした。

No matter how she struggled, the marathon runner did not give up. / 那位马拉松选手无论多么痛苦都没有放弃。 / 그 마라톤 주자는 아무리 힘들어도 포기하지 않았습니다.

⑤ 約束の時間に来なければ、待たずに出発します。

If you don't show up at the appointed time, I'll leave without waiting. / 如果没有在约定的时间内来，将不会等待，即刻出发。 / 약속 시각에 오지 않으면 기다리지 않고 출발합니다.

⑥ 彼女の言っていることは、どう考えてもおかしい。

No matter what you think, what she's saying is strange. / 她说的话怎么想都很奇怪。 / 그녀의 말은 아무리 생각해도 이상하다.

⑦ 健康のため、車に乗らずに歩くようにしています。

For the sake of my health, I try to walk instead of going by car. / 为了健康，我尽量不坐车而是走路。 / 건강을 위해 자동차를 타지 않고 걸어 다니려고 합니다.

## 2日目　れんしゅう（p.53）

① 彼は日本に来たことがないにしては、日本をよ

く知っている。

For someone who's never been to Japan, he knows Japan well. / 虽然他没来过日本，但非常了解日本。 / 그는 일본에 온 적이 없는 것치고는 일본을 잘 알고 있다.

② 友人として、あなたにアドバイスしたいことがあります。

As a friend, there's some advice I'd like to give you. / 作为朋友，我想给你提下建议。 / 친구로서 당신에게 충고하고 싶은 것이 있습니다.

③ この時間の電車はいつも混んでいるが、それにしても混みすぎている。何かあったのだろうか。

The train is always crowded at this time of day, but this is just too crowded. I wonder if something has happened. / 虽说这个时候的电车总是很拥挤，但这也太拥挤了。发生了什么事吗？ / 이 시간대의 전철은 언제나 혼잡하지만, 그렇다고 해도 심하게 혼잡하다. 무슨 일이 생긴 걸까?

④ 日本に来なかったとしたら、アメリカに行っていたと思う。

If I hadn't come to Japan, I think I would have gone to the United States. / 如果没有来日本，可能现在去了美国。 / 만약 일본에 오지 않았다면 미국에 갔을 것이다.

⑤ お菓子は、会社などへのお土産として最適です。

Candy makes a great souvenir to bring back to your workplace. / 作为给公司之类的伴手礼，点心最合适。 / 과자는 회사 같은 곳의 선물로 제격입니다.

⑥ 本当にそんなことを彼がしたとしたら、理由は何だろう。

If he really did do such a thing, what would be the reason? / 如果他真的做了这样的事，那理由是什么呢？ / 정말로 그가 그런 짓을 했다면 이유가 무엇일까?

⑦ ペットを飼うなら、飼い主としての責任を持ってほしい。

If you have a pet, as its owner you should be responsible for it. / 如果要养宠物的话，希望能担起作为主人的责任。 / 반려동물을 기른다면 주인으로서 책임감을 가졌으면 좋겠다.

## 3日目　れんしゅう (p.55)

① 前はよくコンサートに行ったものだ。

I used to go to concerts a lot. / 以前经常去听音乐会。 / 예전에는 콘서트에 자주 가곤 했다.

② 人の迷惑になることをすべきではない。

You shouldn't do things that bother people. / 不应该做任何会给别人添麻烦的事情。 / 다른 사람에게 피해가 가는 일을 해서는 안 된다.

③ 手紙をポストに入れるつもりでしたが、忘れました。

I meant to put the letter in the mailbox, but I forgot. / 本来打算把信放进邮筒里的，但忘记了。 / 편지를 우체통에 넣으려고 했는데 깜빡했습니다.

④ 田中さんはいつもチョコレートを食べていますから、きらいなはずがありません。

Mr. Tanaka is always eating chocolate, so I'm sure he doesn't dislike it. / 田中总是在吃巧克力，所以他不可能不喜欢。 / 다나카 씨는 항상 초콜릿을 먹으니까 싫어할 리가 없습니다.

⑤ 小学校の先生は、まず子どもが好きであるべきだと私は思います。

I think that first of all, elementary school teachers should like children. / 我觉得小学老师首先应该喜欢孩子。 / 초등학교 선생님은 우선 아이를 좋아해야 한다고 저는 생각합니다.

⑥ 昔は私が父にしかられたものですが、今は反対です。

My father used to scold me, but now it's the other way around. / 以前是我被父亲骂，但现在相反。 / 옛날에는 제가 아버지에게 꾸중을 들었지만 지금은 반대입니다.

⑦ 用事があったので、パーティーには行かないつもりでしたが、行けるようになりました。

I wasn't going to go to the party because there was something I needed to do, but now I can go. / 本来因为有事，所以打算不去参加聚会，但后来可以去了。 / 볼일이 있어서 파티에는 가지 않을 생각이었지만, 갈 수 있게 됐습니다.

## 4日目　れんしゅう（p.57）

① 電話で話している最中に、インターホンが鳴った。

While I was talking on the phone, the intercom rang. / 正在打电话的时候，门禁对讲响了。 / 전화 통화를 하는 중에 인터폰이 울렸다 .

② お子さん、会うたびに大きくなられますね。

Your child is bigger every time I see him. / 您的孩子每次见到的时候都长大了些呢。 / 자제분은 만날 때마다 훌쩍 자라있네요 .

③ 立ち上がったとたんに、目まいがした。

As soon as I stood up, I felt dizzy. / 一站起来就头晕。 / 일어선 순간 현기증이 났다 .

④ お隣の人は、旅行のたびにお土産を買ってきてくれます。

My neighbor buys me a souvenir every time she travels. / 邻居每次旅行都会给我买伴手礼。 / 옆집 사람은 여행을 갈 때마다 기념품을 사다줍니다 .

⑤ 明日、出かけるついでに忘れ物を届けますよ。

Tomorrow, while I'm out, I'll drop off the things you left behind. / 明天会外出，顺便把遗忘的东西送过去。 / 내일 외출하는 김에 놔두고 간 물건을 가져다줄게요 .

⑥ 彼女の声が出なくなってしまったのは、テレビ番組で歌っている最中でした。

It was while she was singing on a TV program that she lost her voice. / 她发不出声音是正在电视节目中唱歌的时候。 / 그녀의 목소리가 나오지 않게 된 것은 TV 프로그램에서 한창 노래하는 도중이었습니다 .

⑦ A「この時計、電池が切れちゃったみたい。」
B「そう。郵便局へ行くついでにコンビニで買ってきてあげるよ。」

"This watch's battery seems to have died." "Right. I'll buy you one at the convenience store on my way to the post office." / "这只手表好像没电了。" "是。我去邮局的时候顺便去便利店帮你买。" / "이 시계는 전지가 닳은 것 같아 ." "그래 ? 우체국에 가는 김에 편의점에서 사다 줄게 ."

## 5日目　れんしゅう（p.59）

① 私が今から言うとおりに書いてください。

Please write down exactly what I'm about to tell you. / 请把我现在要说的话原原本本地写下来。 / 지금부터 제가 말하는 대로 적어주세요 .

② どうぞ靴のまま、お入りください。

Please come in. You can leave your shoes on. / 请不要脱鞋，就这样进来。 / 신발을 신은 채로 들어가세요 .

③ テレビがつけっぱなしですよ。見ないときは消してください。

The TV is still on. Please turn it off when you're not watching it. / 电视机一直开着呢。不看的时候，请关掉。 / TV 가 계속 켜져 있었어요 . 보지 않을 때는 끄세요 .

④ 一度きりの人生を大切に生きよう。

You only live once, so make the most of it. / 珍惜只有一次的人生吧。 / 한 번뿐인 인생을 소중하게 살자 .

⑤ 妹は電気をつけたまま寝ます。

My sister sleeps with the light on. / 妹妹开着灯睡觉。 / 여동생은 불을 켜놓고 잡니다 .

⑥ 服を脱ぎっぱなしにしないで片付けなさい。

When you take your clothes off, don't just leave them. Put them away. / 不要把衣服脱下来就不管，得收拾一下。 / 옷을 그냥 벗어두지 말고 정돈해야지 .

⑦ 日本はガイドブックに書いてあったとおりの国でしたか。

Was Japan like the guidebook said it would be? / 日本这个国家是和旅游指南上写的完全一样的吗？ / 일본은 가이드북에 적혀있는 그대로의 나라였습니까 .

## 6日目　れんしゅう（p.61）

① 兄は来られなくて、とても残念がっていました。

My brother couldn't come, and he seemed very disappointed. / 哥哥因为不能来，觉得非常遗憾。 / 오빠가 오지 못해서 매우 아쉬워했습니다 .

② セールスの電話がかかってきたので、病気のふりをして切りました。

I got a sales call, so I pretended to be sick and hung up. / 因为接到了推销电话，所以装病挂断了电话。 / 영업 전화가 걸려와서 아픈 척하고 끊었습니다 .

③ 多くの人にこの商品を使ってもらいたい。

I'd like many people to use this product. / 我希望让更多

人使用这个产品。/ 많은 사람이 이 상품을을 사용했으면 좋겠다.

④ 国へ帰っても、日本語を忘れないでほしい。

I don't want you to forget Japanese after you return to your own country. / 即使回国后也希望不要忘记日语。/ 고국으로 돌아가도 일본어를 잊어버리지 말기 바란다.

⑤ 両親がさびしがっているので、春休みに国へ帰ります。

My parents miss me, so I'm going back to my own country during spring vacation. / 因为父母很寂寞，所以春假时我要回国。/ 부모님이 외로워하셔서 봄방학에는 고국에 돌아갑니다.

⑥ できるかどうか自信がないので、期待しないでもらいたい。

I'm not sure if I can do it, so please don't expect me to. / 因为没有信心是否能做到，所以请不要对此有期待。/ 할 수 있을지 어떨지 자신 없으니 기대하지 마라.

⑦ あなたが会いたがっている人から連絡がありましたよ。

I got a call from someone you wanted to meet. / 你很想见的人联系你了哦。/ 당신이 만나고 싶어 하는 사람한테 연락이 있었어요.

## 7日目 まとめの問題（p.64～66）

**問題1**

1 歩くたびに（＝歩くとき、いつも）
ここでは「一歩足を踏み出すときいつも」という意味

2 後にしてもらいたい（＝後にしてほしい）

3 やったことがないにしては（＝やったことがないとは思えないくらい）

4 行くとしたら（＝もし行くなら）

5 開けたとたん（＝開けると同時に）

6 ていねいであるべきだ（＝ていねいでなければならない）

7 何度聞いても（＝何回も聞いたけれど）

8 よく貝を拾ったりしたものだ（＝よく貝を拾ったりしたなあ）

9 傘をささずに（＝傘をささないで）

10 シャワーを浴びたついでに（＝シャワーを浴びたので、そのとき）

11 友人として（＝友人という立場で）

12 荷物を置いたまま（＝置いた状態で）

13 つけっぱなしだ（＝ついている状態だ／ついたままだ）

14 お入りください（＝入ってください）

15 いないはずだ（＝絶対にいないと思う）

**問題2**

16 知らないはずがない。彼は知らないふりをしているだけだ。

There's no way he doesn't know. He's just pretending not to know. / 不可能不知道。他只是装作不知道。/ 모를 리 없다. 그는 모르는 척하는 것뿐이다.

17 朝まで寝ずに勉強するつもりだったのに、寝てしまった。

I was going to stay up all night studying, but I fell asleep. / 原本打算不睡觉学习到早上的，但却睡着了。/ 아침까지 안 자고 공부하려고 했는데 잠들어 버렸다.

18 数を数えている最中に、話しかけないでください。

Don't talk to me while I'm counting. / 正在数数的时候，请不要搭话。/ 숫자를 세는 동안은 말을 걸지 마세요.

19 教えてもらったとおりに作ったはずなのに、うまくできなかった。

I thought I'd made it exactly as I was taught, but I couldn't get it right. / 明明照着教的内容做了，但没能做好。/ 분명히 가르쳐 준 대로 만들었는데 잘되지 않았다.

20 子どもたちが大きくなって家を出て、今は私たち夫婦二人きりで暮らしている。

My children have grown up and left home, and now it's just the two of us. / 孩子们都长大离开家了，现在只有我们夫妇两个人生活。/ 아이들은 다 커서 집을 떠났고, 지금은 우리 부부가 둘이서 살고 있다.

**問題 3**

21 妻は～を怖いと思うようになった。

22 止まるべきところで（＝止まらなければならないところで）

23 「曲がるときの合図が遅い車が増えたから」どうなったのか

24 合図をしたとたんに(＝してすぐに)曲がるので、後ろの車は注意していないと危ない。

25 私は車を運転する人にルールやマナーを守ってほしい。

# 第 4 週

## 1日目　れんしゅう（p.69）

① これ安いわりにはおいしいね。

Considering how cheap this is, it's delicious. / 这个价格虽然便宜，但是好吃。/ 이것은 싼 것치고는 맛있어.

② カラオケなんか行きたくない。

I just don't want to go to karaoke. / 我才不想去卡拉 OK 什么的。/ 노래방 같은 곳은 가고 싶지 않다.

③ 大人のくせに、そんな計算もできないの？

You're an adult, but you can't even do the math. / 作为成年人，居然连这种计算都不会。/ 어른이면서 그런 계산도 못 해?

④ タバコの煙やにおいは、吸わない人にとっては苦痛だ。

The smoke and smell of cigarettes are unpleasant for those who don't smoke. / 香烟的烟雾和气味，对不吸烟的人来说是很痛苦的。/ 담배 연기와 냄새는 비흡연자에게는 고역이다.

⑤ 勉強しなかったわりに、今日のテストはよくできたと思う。

I think I did well on today's test, even though I didn't study. / 虽然没学习，但我觉得今天考得不错。/ 공부를 안 한 것치고 오늘 시험은 잘 봤다고 생각한다.

⑥ あの学生は、試験の成績がいいわりには日本語が通じない。

Despite his good grades on the exam, that student can't understand Japanese. / 那个学生虽然考试成绩很好，但日语却无法沟通。/ 그 학생은 시험성적이 좋은 것치고는 일본어를 잘 알아듣지 못한다.

⑦ 本当は好きなくせにきらいだと言う。

He says he hates it even though he really likes it. / 明明喜欢却说讨厌。/ 사실은 좋아하면서 싫다고 말한다.

## 2日目　れんしゅう（p.71）

① A「やっと降りましたね。」
　B「ええ、この雨のおかげで作物も元気になるでしょう。」

"It's finally raining." "Yes, this rain will help the crops to grow." / "终于下雨了呢。" "是的，多亏了这场雨，庄稼也会变得精神了吧。" / "드디어 쏟아지는군요." "네, 지금 내리는 비 덕분에 작물도 튼튼해질 겁니다."

② 父にかわって一言お礼申し上げます。

I'd like to say a few words of thanks on my father's behalf. / 我代表父亲向您致谢。/ 아버지를 대신하여 감사드립니다.

③ 事故のせいで、約束の時間に遅れてしまった。

Due to the accident, I was later than I'd promised. / 因为事故，没赶上约定的时间。/ 사고 때문에 약속 시각에 늦었다.

④ あなたの国では、水のかわりにビールを飲むって本当ですか。

Is it true that people drink beer instead of water in your country? / 听说在你的国家用啤酒代替水来喝，是真的吗？/ 당신의 나라에서는 물 대신 맥주를 마신다는 것이 사실입니까?

⑤ 日本語を教えるかわりに、英語を教えてくれませんか。

Could you teach me English if I teach you Japanese? / 我教你日语，作为交换，你可以教我英语吗？/ 일본어를 가르쳐주는 대신에 영어를 가르쳐주지 않을래요?

⑥ いい医者にみてもらったおかげで、病気が治った。

Thanks to seeing a good doctor, the illness was cured. / 多亏了让好的医生帮忙看病，病才治好了。/ 좋은 의사

에게 진찰을 받은 덕분에 병이 나았다 .

⑦ 友達(ともだち)に引(ひ)っ越(こ)しの手伝(てつだ)いをしてもらうかわりに、夕食(ゆうしょく)をごちそうした。

To thank my friend for helping me move, I treated him to dinner. / 让朋友帮我搬家，作为报答，请朋友吃了晚饭。/ 친구가 이사를 도와주는 대신에 저녁을 대접했다 .

## 3日目　れんしゅう（p.73）

① この本(ほん)は、読(よ)めば読(よ)むほどおもしろい。

The more I read, the more interesting this book becomes. / 这本书越看越有趣。/ 이 책은 읽으면 읽을수록 재미있다 .

② びっくりするほど / くらい大(おお)きい赤(あか)ちゃん。

A surprisingly large baby. / 婴儿大得让人吃惊。/ 놀랄 정도로 커다란 아기 .

③ 野菜(やさい)は、新(あたら)しいほどおいしい。

The fresher the vegetables, the better they taste. / 蔬菜越新鲜越好吃。/ 채소는 싱싱할수록 맛있다 .

④ A「どのくらい練習(れんしゅう)したんですか。」

B「手(て)が痛(いた)くなるくらい / ほどです。」

"How long did you practice?" "Until my hands hurt." / "练到什么程度了？" "练到手疼。" / "얼마나 연습했습니까 ?" "손이 아플 정도로요 ."

⑤ あの人(ひと)ほど / くらいまじめな人(ひと)はいない。

No one is as serious as that guy. / 没有人比那个人更认真。/ 그 사람만큼 성실한 사람은 없다 .

⑥ 家(いえ)やアパートは、駅(えき)に近(ちか)くて便利(べんり)なほど高(たか)い。

The closer to the station and the more convenient the house or apartment, the more expensive it is. / 房子和公寓离车站越近、越方便，就越贵。/ 집이나 아파트는 역과 가깝고 편리할수록 비싸다 .

⑦ フランス語(ご)ほど美(うつく)しい言語(げんご)はないと私(わたし)は思(おも)う。

I think there is no more beautiful language than French. / 我认为没有比法语更优美的语言了。/ 나는 프랑스어만큼 아름다운 언어는 없다고 생각한다 .

## 4日目　れんしゅう（p.75）

① 急(いそ)ぐことはない。ゆっくりでいい。

There's no hurry. Take your time. / 不要着急。慢慢来。/ 서두를 것 없다 . 천천히 해도 돼 .

② 一度(いちど)に全部(ぜんぶ)は無理(むり)だ。毎日少(まいにちすこ)しずつ勉強(べんきょう)することだ。

You can't do it all at once. Study a little every day. / 一下子不可能完成全部。要每天一点一点地学习。/ 한꺼번에 전부 하는 것은 무리다 . 매일 조금씩 공부해야 한다 .

③ 遅(おそ)かったね。どれだけ心配(しんぱい)したことか。

You're late. I was very worried. / 真晚呢。知道让人多担心吗？ / 늦었네 . 얼마나 걱정했는데 .

④ 昨日(きのう)、東京(とうきょう)で地震(じしん)があったということだ。

I heard there was an earthquake in Tokyo yesterday. / 据说昨天东京发生了地震。/ 어제 도쿄에서 지진이 있었다고 한다 .

⑤ 買(か)うことはないよ。貸(か)してあげるから。

You don't have to buy it. I'll lend it to you. / 不用买了。我会借给你的。/ 안 사도 돼 . 빌려줄게 .

⑥ 禁煙(きんえん)というのは、タバコを吸(す)ってはいけないということだ。

"No smoking" means that you must not smoke cigarettes. / 禁烟是指不可以吸烟。/ 금연이란 담배를 피우면 안 된다는 뜻이다 .

⑦ お酒(さけ)は少(すこ)しなら体(からだ)に悪(わる)くないが、飲(の)みすぎないことだ。

A little alcohol is not bad for you, but don't drink too much. / 一点点酒对身体是没有坏处的，但不要喝太多。/ 술은 조금만 마시면 해롭지 않지만 과음은 안 좋다 .

## 5日目　れんしゅう（p.77）

① あの店員(てんいん)さん、苦手(にがて)だな。だって、怖(こわ)いんだもん。

I don't like that salesman. He's scary. / 那个店员我不喜欢。好可怕呀。/ 그 점원은 불편해 . 왜냐면 무서워 .

② 彼女(かのじょ)、前(まえ)からあんなにきれいだったっけ。

I don't remember her being so beautiful before. / 她以前就有那么漂亮吗？ / 그녀는 원래부터 그렇게 예뻤나 ?

③ バスも電車(でんしゃ)も止(と)まってしまったから、歩(ある)くしかない。

None of the buses or trains are running, so I have to walk.

/ 公共汽车和电车都停了，只能步行。 / 버스도 전철도 멈췄으니까 걷는 수밖에 없다 .

④ A「ここはずいぶんにぎやかだね。」

B「でも、夜は静かなんですって。」

"It's so lively here." "But apparently it's quiet at night." / "这里很热闹呢。" "但是据说晚上很安静。" / "여기는 상당히 떠들썩하네 ." "하지만 밤에는 조용하대 ."

⑤ 3月って、こんなにあったかかったっけ。

I don't remember it being this warm in March. / 3 月份有这么热吗？ / 3 월이 원래 이렇게 따뜻했던가？

⑥ 父は、母が作った料理しか食べない。

My father only eats food cooked by my mother. / 爸爸只吃妈妈做的饭菜。 / 아빠는 엄마가 만든 음식만 드신다 .

⑦ A「めずらしいね、君が怒るなんて。」

B「だって、あまりにも失礼なことを言われたんだもの。」

"It's unusual for you to get angry." "It's because I was spoken to so rudely." / "很少见呢，你居然生气。" "还不是因为被人说了过分无礼的话。" / "별일이네 . 네가 화를 내다니 ." "그도 그럴 것이 너무 무례한 말을 들었어 ."

## 6日目　れんしゅう（p.79）

① ほとんど勉強をしなかった。その結果、入学試験に落ちてしまった。

I hardly studied at all. As a result, I failed the entrance exam. / 几乎没怎么学习。结果没有通过入学考试。 / 공부를 거의 하지 않았다 . 그 결과 , 입학시험에 떨어졌다 .

② 今週も来週も出張で海外へ行きます。つまり日本にいません。

I'm going abroad for business this week and next week. In other words, I won't be in Japan. / 这周和下周都去国外出差。也就是说，不在日本。 / 이번 주에도 다음 주에도 해외 출장을 갑니다 . 즉 일본에 없습니다 .

③ 彼は目が悪かった。そのため車の運転ができなかった。

His eyesight was bad. That's why he couldn't drive a car. / 他那时眼睛不好。因此不能驾驶汽车。 / 그는 시력이 나빴다 . 그래서 운전을 하지 못했다 .

④ 仕事を辞めたくても辞められません。なぜなら家のローンがあるからです。

I couldn't quit my job even if I wanted to, because of my mortgage. / 想辞职也辞职不了。因为有房贷。 / 일을 그만두고 싶어도 그만둘 수 없습니다 . 가계 대출이 남아 있기 때문입니다 .

⑤ 彼は獣医、つまり動物のお医者さんです。

He's a veterinarian: that is to say, an animal doctor. / 他是兽医，也就是动物医生。 / 그는 수의사 , 즉 동물 의사입니다 .

⑥ 彼は決してあきらめなかった。その結果、このような偉大な発明が生まれたのだ。

He never gave up. That's how marvelous inventions like this were created. / 他不管发生什么都没有放弃。结果才诞生了如此伟大的发明。 / 그는 결코 포기하지 않았다 . 그 결과 , 이와 같은 위대한 발명을 탄생시켰다 .

⑦ 彼女は姉の娘、つまり私にとってはめいです。

She's my sister's daughter: that is, she's my niece. / 她是姐姐的女儿，也就是说对我来说是侄女。 / 그녀는 언니의 딸 , 그러니까 저의 조카입니다 .

## 7日目　まとめの問題（p.82 ～ 84）

**問題 1**

1 ベッドのかわりにソファー（＝ベッドではなくソファー）

2 乗せていただいたおかげで（＝乗せてもらったから）

3 なさらないでください（＝しないでください）

4 ５歳の子のわりに（＝５歳の子が描いたと思えないくらい）

5 流されるくらい（＝流されるほど）

6 弱い犬ほど（＝弱い犬のほうが）

7 手で洗うしかない（＝手で洗わなければならない）

8 どちらでしたっけ（＝どちらですか。忘れてしまいました）

9 変わるということだ（＝変わるそうだ）

10 何年かかることか（＝何年もかかる）

11 〇〇を見ることほどうれしことはない（＝〇〇がいちばんうれしい）

12 できないくせに（＝できないのに）

13 使えば使うほど（＝たくさん使うともっと）

14 がっかりすることはない（＝がっかりしなくていい）

15 仕事なんか　1，2，4は文末表現

**問題2**

16 教師にとっての最大の喜びは、学生の成長です。

The greatest joy for a teacher is the growth of his students. / 对教师来说，最大的快乐是学生的成长。 / 교사에게 있어서 가장 큰 기쁨은 학생의 성장입니다 .

17 一人で日本へ来てから、今までどんなにさびしい気持ちをがまんしたことか。

I can't tell you how lonely I've been since I came to Japan all alone. / 一个人来到日本后直到现在，这是忍受着多么孤独的心情呀。 / 혼자 일본에 와서 지금까지 얼마나 외로움을 참고 견뎠는지 모른다 .

18 世界のいろいろなところで、今もまだ戦争が続いているんだって。

War is still raging in various parts of the world, I've heard. / 据说在世界上许多地区依然继续着战争。 / 세계 여기저기에서 지금까지도 전쟁이 계속되고 있대 .

19 携帯電話やパソコンでいつでも連絡できるようになったせいで、仕事から離れられなくなった。

Now I can't get away from work because I can always be contacted via my cell phone or computer. / 因为有手机或电脑，变得随时可以联系，害得我无法离开工作了。 / 휴대전화나 컴퓨터로 언제든 연락할 수 있게 된 탓에 일에서 벗어날 수 없게 됐다 .

20 A「いつまでゲームをしているの。」

B「だって、おもしろくてやめられないんだもん。」

"When are you going to stop playing that game?" "It's so much fun. I can't stop." / "你想玩游戏玩到什么时候？" "还不是因为太有意思了，停不下来。" / "언제까지 게임을 할 거야?" "하지만 재미있어서 그만둘 수가 없는걸."

**問題3**

21「なぜなら～困っているからです」

22「木の実」を「野生の食べ物」とべつのことばで言い換えている。

23「少なくなってしまいました」はいい結果ではないので「のおかげ」は使えない。

24（原因）「それで／だから／そのために」（結果）

25（原因）「その結果」「動物が畑に入りやすくなった。」

# 第５週

## １日目　れんしゅう（p.87）

① 動物のオスは、メスに比べて派手できれいな場合が多い。

Male animals are often more flamboyant and attractive than females. / 很多雄性动物往往比雌性更华丽、更漂亮。 / 동물의 수컷은 암컷에 비해 화려하고 예쁜 경우가 많다 .

② 私のふるさとは、不便なばかりでなく、寒さがきびしい。

My hometown is not only inconvenient, but also seriously cold. / 我的家乡不仅不方便，而且非常寒冷。 / 내 고향은 불편할 뿐만 아니라 추위가 심하다 .

③ あの店は、休みの日ばかりでなく、ふだんの日も混んでいます。

That store is crowded not only on holidays but also on ordinary days. / 不仅是节假日，那家店平时也很拥挤。 / 그 가게는 휴일뿐만 아니라 평소에도 붐빕니다 .

④ 彼のアニメ作品は、子どもはもちろん大人も楽しめる。

His animated films can be enjoyed by children and adults alike. / 不仅是儿童，成人也会觉得他的动画作品有趣。 / 그의 애니메이션 작품은 아이들은 물론 어른도 즐길 수 있다 .

⑤ この店を利用する人は、昼間は学生が多い。そ

れに対して、夕方は会社員が多い。

Many students shop here during the daytime, while many office workers shop here in the evening. / 使用这家店的人，在白天多为学生。而傍晚则多是公司员工。 / 이 가게를 이용하는 사람은 낮에는 학생이 많다. 그에 비해 저녁에는 회사원이 많다.

⑥ 駅員は、乗客に対して、電車が遅れている理由を説明した。

The station attendant explained to the passengers why the train was late. / 车站工作人员向乘客解释了电车晚点的原因。 / 역무원은 승객에게 전철이 지연되는 이유를 설명했다.

⑦ 新しく買ったバッグは、おしゃれできれいだが、前のが使いやすかったのに比べて、使いにくい。

The new bag I bought is stylish and beautiful, but it's more difficult to use than the previous one, which was easy to use. / 新买的包虽然既时尚又好看，但和以前使用很方便的包相比，很难用。 / 새로 산 가방은 세련되고 예쁘지만, 이전에 썼던 가방이 사용하기 편했던 것에 비해 사용하기 불편하다.

## 2日目　れんしゅう（p.89）

① 彼は何か言いかけてやめた。

He was about to say something, but stopped. / 他好像正要说什么，却没有说出来。 / 그는 무언가를 말하려다가 말았다.

② 炊きたてのご飯はおいしい。

Freshly cooked rice is delicious. / 刚煮好的米饭很好吃。 / 갓 지은 밥은 맛있다.

③ 長い間かかって作っていた作品が、やっとできあがりました。

I finally finished the piece I'd been working on for so long. / 花费了很长时间制作的作品终于完成了。 / 오랜 시간에 걸쳐 만든 작품이 드디어 완성됐습니다.

④ そこに書き切れない場合は、裏も使ってください。

If you can't fit it all in, please write on the back as well. / 如果那里写不下了，还请使用背面。 / 그곳에 다 쓸 수 없으면 뒷면도 사용해주세요.

⑤ 姉は、プレゼントにするマフラーを一晩で編み上げた。

My sister knitted a scarf in a single night to give as a present. / 姐姐用一晚上织好了要作为礼物送人的围巾。 / 언니는 선물할 머플러를 하룻밤 사이에 다 짰다.

⑥ 新しいのを買うのは、使いかけのを使い切ってからですよ、と母に言われた。

My mother told me I should buy a new one only after completely using up the old one. / 妈妈跟我说，买新的得在用完正在用的东西以后才行。 / 새것을 사는 것은 쓰다남은 것을 다 쓴 뒤에 하라고 엄마가 말했다.

⑦ 課長は、入社したての社員の指導で疲れ切っている。

The section manager is exhausted from mentoring the newly hired employees. / 课长给刚入职的员工做指导，累得筋疲力尽。 / 과장님은 갓 입사한 사원들을 지도하느라 지쳤다.

## 3日目　れんしゅう（p.91）

① 妹の靴、私にはきつくて入らない。もう少し大きかったらはけるのに。

My sister's shoes are too tight for me. If they were just a little bigger, I could wear them. / 姐姐的鞋对我来说太紧了，穿不下。如果再大一点的话就能穿了。 / 여동생의 신발은 나한테는 작아서 안 들어간다. 조금 더 크면 신었을 텐데.

② 昨日の試合、どっちのチームが勝ったかなあ。

I wonder which team won yesterday's game. / 昨天的比赛，哪支队伍赢了呢？ / 어제 시합은 어느 팀이 이겼을까?

③ 明日は花火大会だから、雨が降らないといいなあ。

The fireworks display is tomorrow, so I hope it doesn't rain. / 因为明天是烟火大会，所以希望不要下雨。 / 내일은 불꽃놀이가 있으니까 비가 안 왔으면 좋겠어.

④ ゆうべの番組、おもしろかったよ。君も見ればよかったのに。

Last night's program was interesting. I wish you'd watched it too. / 昨天晚上的节目很有趣。要是你也看了该多好。 / 어젯밤 방송은 재미있었어. 너도 보면 좋았

을 텐데 .

⑤ いつも家(いえ)を出(で)た後(あと)で、ガスの火(ひ)を消(け)したかなあと心配(しんぱい)になる。

Whenever I leave the house, I always worry about whether I turned off the gas. / 总是在离开家后，担心有没有把煤气的火关掉。 / 항상 집을 나선 후에 가스 불을 껐는지 아닌지 걱정한다 .

⑥ してしまったことを、しなければよかったなどと思(おも)ってもしかたがない。

It’s no use thinking I shouldn’t have done something that I did. / “要是没做那件事该多好”，就算这么想也无济于事。 / 이미 해버린 일을 괜히 했다고 후회해봤자 소용없다 .

⑦ あなたみたいにスポーツができるといいなあ、と友達(ともだち)に言(い)われました。

“I wish I could play sports like you,” my friend told me. / 我的朋友说，要是能像你一样会运动就好了。 / ‘너처럼 스포츠를 잘하면 좋을 텐데’ 라고 친구가 말했습니다 .

## 4日目　れんしゅう（p.93）

① 合格(ごうかく)するまで絶対(ぜったい)にあきらめないと決(き)めた。

I’ve decided never to give up until I pass the exam. / 下了决心绝不放弃，直到通过为止。 / 합격할 때까지 절대로 포기하지 않겠다고 결심했다 .

② 母(はは)にマッサージをしてあげた。首(くび)から肩(かた)にかけてかなり、こっていた。

I gave my mother a massage. Her neck and shoulders were very stiff. / 给妈妈按摩了。从脖子到肩膀都非常僵硬。 / 엄마한테 마사지를 해드렸다 . 목부터 어깨에 걸쳐서 꽤 뭉쳐있었다 .

③ 帰国(きこく)するまでに、なんとか日本語(にほんご)を習得(しゅうとく)したい。

By the time I leave Japan, I want to have learned Japanese. / 回国之前，想要想办法学会日语。 / 귀국할 때까지 어떻게든 일본어를 습득하고 싶다 .

④ 忙(いそが)しいのはわかりますが、お正月(しょうがつ)まで働(はたら)くんですか。

I know you’re busy, but are you going to work even on New Year’s Day? / 虽然知道很忙，但是需要工作到新年吗? / 바쁜 건 알겠지만 설날까지 일하는 건가요 ?

⑤ 小学校(しょうがっこう)において防災訓練(ぼうさいくんれん)を行(おこな)います。ご参加(さんか)ください。

We will hold a disaster readiness drill at the elementary school. Please take part. / 将在小学进行防灾训练。请参加。 / 초등학교에서 방재 훈련을 합니다 . 참가해주세요 .

⑥ 大雨(おおあめ)のせいで、かばんの中(なか)までぬれてしまった。

Because of the heavy rain, even the inside of my bag got wet. / 被大雨害得连包里面都湿了。 / 폭우 때문에 가방 속까지 젖어 버렸다 .

⑦ ２月(がつ)から４月(がつ)にかけて、花粉(かふん)が飛(と)ぶそうです。

I heard there’s pollen in the air from February to April. / 好像从 2 月到 4 月会飞花粉。 / 2 월부터 4 월에 걸쳐서 꽃가루가 날린다고 합니다 .

## 5日目　れんしゅう（p.95）

① もしかすると、あそこに座(すわ)っている人(ひと)は有名(ゆうめい)な人(ひと)かもしれない。

I think maybe the person sitting over there is someone famous. / 坐在那里的人说不定是名人。 / 어쩌면 저기 앉아 있는 사람은 유명한 사람일지도 모른다 .

② たとえ給料(きゅうりょう)が高(たか)くても、あんな仕事(しごと)はしたくない。

I don’t want to do that kind of work, even if the salary is high. / 即使薪水很高，也不想做那样的工作。 / 설령 월급이 높아도 그런 일은 하고 싶지 않다 .

③ 私(わたし)が聞(き)いたのは、まるでうそのような本当(ほんとう)の話(はなし)なんです。

What I heard is a true story, but it seems like it can’t be true. / 我听到的是一个就好像谎言一样的真实故事。 / 제가 들은 것은 마치 거짓말 같은 실화입니다 .

④ 日本人(にほんじん)の日本語(にほんご)が、必(かなら)ずしもすべて正(ただ)しいとは限(かぎ)らない。

The Japanese spoken by Japanese people is not necessarily correct. / 日本人的日语也不一定都是正确的。 / 일본인이 쓰는 일본어가 반드시 모두 옳다고는 할 수 없다 .

⑤ あの二人(ふたり)は、まるで兄弟(きょうだい)のようによく似(に)ている。

Those two people look as similar as brothers. / 那两人非常像，就像兄弟一样。 / 그 두 사람은 마치 형제처럼 닮았다 .

⑥ たとえ両親に反対されても、彼女と結婚します。

I will marry her even if my parents disapprove. / 即使父母反对，我也会和她结婚。 / 비록 부모님이 반대하더라도 그녀와 결혼하겠습니다.

⑦ 親や先生の言うことが正しいとは限らない。

What your parents or teachers say is not always right. / 家长和老师说的并不都是正确的。 / 부모님과 선생님의 말씀이 반드시 옳다고는 할 수 없다.

## 6日目 れんしゅう (p.97)

① 彼は非常に頭がいい。ところが、大学に落ちてしまった。

He is extremely intelligent. However, he didn't get into college. / 他非常聪明。然而，却没考上大学。 / 그는 매우 똑똑하다. 그런데 대학에 떨어지고 말았다.

② もうすぐ卒業ですね。ところで、就職はどうするのですか。

You're graduating soon. Incidentally, what are you going to do about finding work? / 马上就要毕业了。对了，找工作准备得怎么样? / 곧 졸업이네요. 그런데 취직은 어떻게 할 건가요?

③ みんな彼が勝つと思っていた。ところが、簡単に負けてしまった。

Everyone thought he would win, but he was easily defeated. / 大家都以为他会赢。然而，却轻易就输了。 / 다들 그가 이길 것으로 생각했다. 그러나 쉽게 지고 말았다.

④ 今学期は明日で終わりです。ところで、来学期の授業料、払いましたか。

"This semester ends tomorrow. By the way, have you paid your tuition for next semester?" / "这学期明天就结束了。对了，下学期的学费交了吗? " / "이번 학기는 내일로 끝입니다. 그건 그렇고 다음 학기의 수업료는 냈나요?"

⑤ 野菜は好きじゃない。だけど体にいいから食べる。

I don't like vegetables. But I eat them because they're healthy. / 不喜欢蔬菜。但因为对身体好，所以会吃。 / 채소는 좋아하지 않는다. 하지만 몸에 좋으니까 먹는다.

⑥ 途中からは入れません。ですから絶対に遅れないように来てください。

You cannot enter partway through. So please avoid being late. / 中途不能入内。所以请绝对不要迟到。 / 도중에는 들어올 수 없습니다. 그러니까 절대로 늦지 않게 오세요.

⑦ 確かに郵便で送った。ところが届いていないと言われた。

I'm certain I sent it by post. But I was told that it hadn't arrived. / 的确是邮寄了。然而，却被告知没收到。 / 분명히 우편으로 보냈다. 하지만 도착하지 않았다고 했다.

## 7日目 まとめの問題 (p.100 ~ 102)

**問題 1**

1 いつもの年に比べて（=いつもの年より）

2 たとえお金をくれると言われても（=もしお金をくれると言われても）

3 数え切れない（=全部は数えられない）

4 必ずしもいいとは限らない（=必ず「いい」とは言えない。よくないこともある）

5 女性ばかりか（=女性だけでなく）

6 メモをしておけばよかった（=メモをしていなかったことを後悔している）

7 体育館において（=体育館で）

8 手が痛くなるまで（=手が痛くなるときまでずっと）

9 まるで友達のように（=友達ではないのに友達のように）

10 ペンキぬりたて（=ペンキをぬったあと時間がたっていない／ぬったばかり）

11 3「ならない」は「春にならないかなあ」（=春になってほしい）ならOK

12 たとえうそでも（=もしうそでも）

13 ていねいなのに対して（=ていねいなのとは反対に）

14 ゆっくりしていけばいいのに（=ゆっくりしていくといいと思う）

15 お伺いします（＝あなたのところへ行きます）

**問題2**

16 今日はよく晴れましたが、あしたの午後からあさってにかけて大雨になるでしょう。

The weather was fine today, but there will be heavy rain from tomorrow afternoon until the day after tomorrow. / 虽然今天很晴朗，但从明天下午到后天会下大雨。 / 오늘은 맑았지만, 내일 오후부터 모레에 걸쳐 큰비가 내릴 것입니다.

17 あの俳優さんは水色が好きで、靴下まで水色だと話していました。

That actor said he liked light blue so much, even his socks were light blue. / 那个演员说喜欢浅蓝色，甚至连袜子也是浅蓝色的。 / 그 배우는 하늘색을 좋아해서 양말까지 하늘색을 신는다고 말했습니다.

18 家族にメールを書きかけて、途中でやめてしまいました。

I started to write an email to my family, but stopped halfway through. / 给家人写邮件写到一半，中途放弃了。 / 가족에게 메일을 쓰려다가 중간에 그만뒀습니다.

19 この資料はすばらしい。よくここまでくわしく調べあげましたね。

This is a wonderful document. I'm amazed at how thoroughly you researched it. / 这个资料很棒。能调查得这么详细，真不错。 / 이 자료는 훌륭합니다. 용케 이렇게까지 자세히 알아보셨군요.

20 田中さんから電話がありました。道が混んでいるので、もしかしたら少し遅れるかもしれないそうです。

I got a call from Ms. Tanaka. She said she might be a little late due to traffic. / 田中打电话来了。说是道路拥挤，所以说不定会稍微迟到。 / 다나카 씨한테 전화가 왔습니다. 길이 막혀서 어쩌면 조금 늦을지도 모른다고 합니다.

**問題3**

21 小さいという意味の「チビ」は体はとても大きいから笑ってしまいます。

22 小さいと思っていたのに、「予想外」に太ってしまった。

23 「チビ」なのに／だけど、どんどん大きくなっちゃって

24 「クマみたいだ／のようだ」を強調する副詞

25 話題を「チビ」から自分に変える。

# 第6週

## 1日目 れんしゅう (p.105)

① もしあの飛行機に乗っていたら、死んでいたでしょう。

If I'd been on that plane, I would have died. / 如果坐了那架飞机的话，应该已经不在人世了吧。 / 만약 저 비행기에 탔다면 죽었을 겁니다.

② もし、あの会社から採用通知が来たとしても入らないつもりです。

Even if I got a job offer from that company, I wouldn't join them. / 即使收到那家公司的录用通知，也不打算去。 / 만약 그 회사에서 채용 통지가 오더라도 입사하지 않을 생각입니다.

③ なぜそんなことをするのですか。もしも私があなたなら、絶対にしないでしょう。

Why would you do such a thing? If I were you, I would never do that. / 为什么要那样做？如果我是你，我绝对不会那样做的吧。 / 왜 그런 짓을 하는 거죠? 만약 제가 당신이라면 절대로 그러지 않을 겁니다.

④ 勉強しなければ、何度受けたとしたって受からないでしょう。

If you don't study, you won't pass no matter how many times you take the exam. / 如果不学习，无论考多少次都不会考上的吧。 / 공부하지 않으면 시험을 몇 번을 봐도 합격하지 못할 겁니다.

⑤ もしもの場合には、この引き出しを開けて私の手紙を読んでください。

If anything happens to me, open this drawer and read my letter. / 万一发生了意外，请打开这个抽屉，读我的信。 / 만약의 경우에는 이 서랍을 열어서 제 편지를 읽어 주

십시오 .

⑥ もしも明日地球がなくなるとしたらどうしますか。

What would you do if you knew the earth was going to disappear tomorrow? / 如果明天地球要毁灭，你会怎么办？ / 만약 내일 지구가 없어진다면 어떻게 하겠습니까 ?

⑦ 保険というのは、もしものときのことを考えて入るものです。

Insurance is something you take out in case something bad happens. / 保险是在考虑到万一发生的情况下而加入的东西。 / 보험이라는 것은 만약의 경우를 대비해서 가입하는 것입니다 .

## 2日目　れんしゅう (p.107)

① 明日は家にいることはいますが、家で仕事をしないといけないんです。

I'll be at home tomorrow, but I have to work from home. / 明天虽然在家，但必须在家工作。 / 내일은 집에 있긴 하지만 , 집에서 일을 해야 합니다 .

② 急に国へ帰ることになりました。

I have to go back to my own country suddenly. / 突然决定了回国。 / 갑자기 귀국하게 됐습니다 .

③ 太らないように夜９時を過ぎたら、私は食べないことにしています。

To avoid putting on weight, I've decided not to eat after 9 pm. / 为了不发胖，晚上 9 点以后我不吃东西。 / 살이 찌지 않기 위해서 밤 9 시가 지나면 먹지 않고 있습니다 .

④ 車を運転できないことはないんですが、ほとんどしません。

It's not that I can't drive a car, I just rarely do. / 虽然不是不会开车，但几乎不开。 / 자동차를 운전하지 못하는 것은 아니지만 , 거의 하지 않습니다 .

⑤ 携帯電話は便利なことは便利ですが、なくてもいいと思っています。

Mobile phones are handy, but I don't think I need one. / 手机方便是很方便，但我觉得没有也没问题。 / 휴대폰이 편리하긴 하지만 , 없어도 괜찮다고 생각합니다 .

⑥ 日本では、車は道路の左側を運転することになっています。

In Japan, cars are supposed to drive on the left-hand side of the road. / 在日本，汽车应该在道路左侧行驶。 / 일본에서 자동차는 도로의 좌측으로 운전하게 되어있습니다 .

⑦ 生活できないことはないんですが、経済的に苦しいです。

It's not impossible to make a living, but it's difficult financially. / 虽然不是无法生活，但经济上很困难。 / 생계를 유지하지 못하는 것은 아니지만 경제적으로 어렵습니다 .

## 3日目　れんしゅう (p.109)

① 祖母が元気なうちに、一度田舎へ帰りたい。

I want to visit the countryside again while my grandmother is still in good health. / 想趁外婆还精神的时候，回一次乡下。 / 할머니가 아직 건강하실 때 시골에 한 번 내려가고 싶다 .

② 駅員に聞いたところ、落とし物は届いていた。

I asked the station attendant, who said that my dropped item had been found. / 问了车站工作人员后知道，失物已被上交。 / 역무원에게 물어봤더니 분실물이 도착해 있었다 .

③ お茶を入れましたから、冷めないうちにどうぞ。

I've made some tea, so please drink it before it gets cold. / 茶已经倒好了，所以请趁热喝。 / 차를 끓였으니까 식기 전에 드세요 .

④ もう少しで階段から落ちるところだった。

I almost fell down the stairs. / 差点就从楼梯上摔下来了。 / 까딱하면 계단에서 떨어질 뻔했다 .

⑤ あの先生に習うようになってはじめて、日本語の勉強がおもしろくなった。

Studying Japanese became interesting only after I started learning from that teacher. / 自从向那位老师学习后，第一次觉得日语学习很有趣。 / 그 선생님에게 배우고서야 비로소 일본어 공부가 재미있어졌다 .

⑥ あとちょっとで試験問題が全部解けるところだったのに、時間切れになってしまった。

I was so close to solving all the questions on the exam,

but I ran out of time. / 明明还差一点就能写完所有的考试题，可是时间到了。 / 조금만 더 있으면 시험 문제를 전부 풀 수 있었는데 시간이 다 됐다.

⑦ 教えてくれたり、注意してくれる人がいるうちに、勉強したほうがいいですよ。

It's better to study when there are people who can teach you and advise you. / 最好趁着还有人教、有人提醒的时候学习。 / 가르쳐주거나 조언해주는 사람이 있을 때 공부하는 편이 좋습니다.

## 4日目 れんしゅう (p.111)

① こんなところで工事をしていたのか。渋滞するわけだ。

Are they doing construction work right here? No wonder there are traffic jams. / 原来在这种地方施工呀。那当然会堵车。 / 이런 곳에서 공사하고 있었구나. 차가 막힐 만도 하다.

② 眠っていたわけではないが、ほかのことを考えていた。

I wasn't asleep, but I was thinking about something else. / 虽然没有在睡觉，但在想别的事情。 / 졸고 있었던 것은 아니지만 딴생각을 하고 있었다.

③ 規則ですから、30分以上遅刻した場合は、試験を受けさせるわけにはいかないんです。

It's the rule—once you're 30 minutes late, you can no longer sit the exam. / 因为有规定，所以如果迟到30分钟以上，是不被允许参加考试的。 / 규칙이므로 30분 이상 지각한 경우는 시험을 칠 수 없습니다.

④ うそばかりついている彼が、みんなに信用されるわけがないでしょう。

How can people trust him if he's always lying? / 他总是在说谎，怎么可能得到大家的信任呢。 / 거짓말만 하는 그가 모두의 신뢰를 받을 리가 없습니다.

⑤ あ、顔にご飯粒がついていたんだ。みんなにクスクス笑われていたわけだ。

Oh, I had a grain of rice on my face. That's why everyone was giggling. / 啊，原来脸上有米粒。怪不得每个人都在偷偷笑我。 / 아, 얼굴에 밥알이 붙어 있었구나. 어쩐지 다들 키득키득 웃고 있더라니.

⑥ 落ちるわけがない学生が試験に落ちてしまった。

A student that I believed would never fail ended up failing the exam. / 不可能不及格的学生考试没及格。 / 떨어질 리가 없는 학생이 시험에 떨어지고 말았다.

⑦ 窓を少し開けてもいいですか。暑いわけではなくて空気を入れ替えたいんです。

Can I open the window a little? It's not too hot, I just want some fresh air. / 可以稍微开一下窗户吗？不是热，就是想换气。 / 창문을 좀 열어도 될까요？더운 건 아니지만 환기를 하고 싶습니다.

## 5日目 れんしゅう (p.113)

① 今が大変で、将来のことはまったく考えられない。

I'm having a hard time at the moment, and I can't think about the future at all. / 现在很艰难，所以根本无法考虑未来。 / 지금이 힘들어서 장래의 일까지는 전혀 생각할 수 없다.

② 食事の量を減らしてダイエットをしているのに、ちっともやせないんです。

I'm trying to lose weight by eating less, but I can't seem to lose any weight at all. / 明明减少了饭量正在减肥，但根本瘦不下来。 / 식사량을 줄여서 다이어트를 하고 있는데도 전혀 살이 빠지지 않습니다.

③ いろいろお世話になりました。親切にしていただいたことは決して忘れません。

Thank you for everything. I will never forget your kindness. / 受到了您的诸多关照。我绝对不会忘记您的好意。 / 여러모로 신세를 졌습니다. 친절하게 대해주신 것은 절대로 잊지 않겠습니다.

④ 昨日、何時間も歩いたが、少しも疲れていない。

I walked for hours yesterday, but I'm not tired at all. / 昨天虽然走了好几个小时，但一点也不累。 / 어제 몇 시간이나 걸었지만 조금도 피곤하지 않다.

⑤ 彼女は丈夫でめったに病気をしないのに、インフルエンザにかかったらしい。

She's very healthy and rarely gets sick, but she seems to have caught the flu. / 她明明身体很好，不太生病，但却好像得了流感。 / 그녀는 건강해서 좀처럼 병에 걸리지

않는데 독감에 걸린 것 같다.

⑥ 私には彼の言うことがまったく理解できない。

I don't understand a word he says to me. / 我完全无法理解他说的话。 / 나는 그의 말을 도무지 이해할 수 없다.

⑦ めったにほめない先生にほめられてうれしい。

I was happy to be praised by my teacher, who rarely gives praise. / 被一个很少表扬人的老师表扬，很高兴。 / 좀처럼 칭찬하지 않는 선생님께 칭찬을 받아서 기쁘다.

## 6日目　れんしゅう（p.115）

① 名前を書きましたか。それとID番号も忘れずに書いてください。

Did you write your name? Don't forget to write your ID number as well. / 写名字了吗？另外，也别忘了写 ID 号码。 / 이름을 적었나요? ID 번호도 잊지 말고 적으세요.

② 地下鉄で行きますか。それともJRで行きますか。

Are you going by subway? Or the JR line? / 坐地铁去吗？还是坐 JR 去？ / 지하철로 갈까요? 아니면 JR 로 갈까요?

③ 掃除と洗濯をして、あと買物もお願いします。

Please do the cleaning and laundry, and also the shopping. / 麻烦你打扫和洗衣服，然后还有买东西。 / 청소와 빨래, 그리고 장보기도 부탁합니다.

④ 彼はかっこよくて歌も上手で、その上頭もいいんです。

He is handsome, a good singer, and smart as well. / 据说他长得帅，歌唱得好，而且头脑也好。 / 잘생겼고 노래도 잘하는데 심지어 똑똑하대.

⑤ 第6週の6日目ですから、あと1日勉強すれば、この本は終わりです。

It's the sixth day of the sixth week, so if you study one more day, this book will be finished. / 现在是第 6 周的第 6 天，所以只要再学习 1 天，这本书就结束了。 / 6 주차의 6 일째니까 앞으로 하루만 공부하면 이 책은 끝납니다.

⑥ 田中さん遅いですね。電車が遅れているのか、それとも体調が悪いのかどうしたんでしょう。

Ms. Tanaka is late. I wonder if the train is late or if she's sick. / 田中真慢啊。是电车延误了还是身体不舒服，发生什么了？ / 다나카 씨가 늦네요. 열차가 지연된 건지 몸이 안 좋은 건지, 무슨 일일까요.

⑦ 新しいバイトを探しているんです。今のは遠いし、それに交通費ももらえないし。

I'm looking for a new part-time job. My current one is too far away, and I don't get paid any transport expenses. / 正在找新的兼职工作。现在的地方太远，而且不报销交通费。 / 새로운 아르바이트를 찾고 있습니다. 지금 다니는 곳은 거리가 먼데 교통비도 안 줘서요.

## 7日目　まとめの問題（p.118 ～ 120）

**問題1**

1 持っていってはいけないことになっている（＝持っていってはいけないことが決まっている）

2 忘れて行くところだった（＝忘れて行きそうだったが、忘れなかった）

3 手伝ってあげないことはない（＝手伝ってあげると言っていいが）

4 試験を受けたところ（＝試験を受けたら）

5 勉強することにしよう（＝勉強することに決めよう）

6 目が覚めたことは覚めたのですが（＝覚めたのは事実だが）

7 まったく縁がない（＝全然知り合うチャンスがない）

8 彼を許すわけにはいかない（＝許すことはできない）

9 元気なうちに（＝元気な間に）

10 修理したとしても（＝修理した場合も）

11 見えるわけがない（＝絶対に見えない）

12 待たせていただけませんか（＝私が待ちます、お願いします）

13 寒いわけだ（＝寒いのは当たり前だ）

14 あと10分（＝今から10分）

15 決して開けてはいけません（＝絶対開けてはいけません）

**問題2**

16 コーヒーは先にお持ちしましょうか、それともあとになさいますか。

Shall I bring your coffee first, or later? / 咖啡是先给您，还是稍后再给？ / 커피를 먼저 드릴까요？아니면 나중에 드릴까요？

17 私は入社試験に全部落ちて、父の店をつぐことになった。

I failed every entrance exam, so I ended up taking over my father's store. / 我所有的入职考试都没有通过，最后就继承了父亲的店。 / 나는 입사 시험에 전부 떨어져서 아버지의 가게를 물려받게 됐다 .

18 録音した自分の日本語を聞いてはじめて、発音が悪いことを知った。

It was only after I listened to recordings of my own Japanese that I realized my pronunciation was bad. / 听了被录下来的自己说的日语后，才知道发音很糟糕。 / 내 일본어를 녹음해서 들어본 후에야 발음이 안 좋은 것을 알았다 .

19 僕が日本にいるうちに、ぜひ遊びに来てください。

Please come and visit me while I'm in Japan. / 在我还在日本的时候，请一定来玩。 / 제가 일본에 있는 동안 꼭 놀러 오세요 .

20 復習したことはしましたが、まだよく理解していません。

I've reviewed what I've learned, but I still don't understand it well. / 复习是复习了，但还是不太理解。 / 복습하긴 했지만 , 아직 잘 이해하지 못했습니다 .

**問題3**

21 決して（＝絶対）

22 信用しないことにしている（＝信用しないと決めて、習慣にしている）

23 変わらないうちに（＝変わる前に）

24 あと1分とか30秒（＝もう1分とか30秒）

25 まったく（＝全然）

# 模擬試験　第1回

## 答え

| | | | | | |
|---|---|---|---|---|---|
| 問題1 | 1 4 | 2 4 | 3 1 | 4 2 | 5 3 |
| | 6 2 | 7 3 | 8 2 | 9 3 | 10 1 |
| 問題2 | 11 1 | 12 2 | 13 2 | 14 2 | 15 2 |
| 問題3 | 16 2 | 17 3 | 18 3 | 19 4 | 20 1 |

## 解説・訳

1 切れちゃった（＝切れてしまった）(p.16)

2 それにしても（＝それはわかっているが、それでも）(p.52)

3 品質がいいのはもちろん（＝もちろん品質もいいし）(p.86)

4「よさ」は「品質のよさはもちろん」ならOK

4 聞いてみたところ（＝聞いてみたら）(p.108)

5「と言われた」なら「飲むな」OK (p.42)

6 言わないことだ（＝言わないほうがいい）(p.74)

7 それによって（＝開放することで）(p.35)

8「もう少しで～ところだった」（＝～しそうだったが、しなかった）(p.108)

9「持ってくる」のは店員。自分の行動に使える敬語は「おVする」(p.63 敬語)

10 ないわけだ（＝ないのは当然だ）(p.110)

11 3→1→4→2

英語は話すことは話しますがあまり上手じゃありません。(p.106)

I speak English, but not very well. / 英语说是会说，但说得不是很好。 / 영어를 구사하긴 하지만 그다지 유창하지 않습니다 .

12 3→2→1→4

有名な映画が必ずしもおもしろいとはかぎりません。(p.94)

Famous movies are not always a lot of fun. / 有名的电影

并不一定很有趣。 / 유명한 영화가 반드시 재미있다고는 할 수 없습니다.

13 4→1→3→2

エコバックというのは何のことですか。(p.38)

What do you mean by “eco-bag”? / 环保袋是什么? / 에코백이란 어떤 것입니까?

14 4→1→3→2

ここに受験についての注意が書いてあります。(p.34)

Here are some written warnings about taking the exam. / 这里写着关于参加考试的注意事项。 / 여기에 수험에 대한 주의 사항이 적혀있습니다.

15 4→1→3→2

今日は、先生にお伺いしたいことがあって参りました。(p.45、p.99 敬語)

I’ve come here today to ask you something, doctor. / 今天，我有事问老师，所以来了。 / 오늘은 선생님께 여쭙고 싶은 것이 있어서 찾아왔습니다.

16 ところです（=今、ちょうどしています）

17 として（=留学生の立場／資格で）

18 「皆さんが‥私を～させてくれました」

19 「自分でも‥覚えていてくれる」は文。文には「なんか」は使えない（p.69）

20 けっして（=絶対に）（p.112）

## 模擬試験 第2回

### 答え

| | | | | | |
|---|---|---|---|---|---|
| 問題1 | 1 2 | 2 1 | 3 3 | 4 4 | 5 1 |
| | 6 2 | 7 4 | 8 1 | 9 3 | 10 2 |
| 問題2 | 11 1 | 12 2 | 13 1 | 14 1 | 15 4 |
| 問題3 | 16 1 | 17 4 | 18 3 | 19 2 | 20 2 |

### 解説・訳

1 「ように」がなければ、「はいるな」「はいってはいけない」OK（p.20）

2 ほど（=ぐらい）（p.72）

3 「厚み」は「厚みがある／ない」。「もう少し厚い」ならOK（p.36）

4 「どういう意味」ならOK（p.36）

5 「小説家」というと、有名だと思うかもしれないが、そうではない（p.41）

6 もし乗っていたら、事故にあっていたから、「乗らなくてよかった」（p.69）

7 「さわってみたい」理由をあとの文で言う（p.79）

8 つけっぱなし（=つけたままで、けしていない）（p.58）

9 おうかがいします（=聞きます）

おＶする（自分の行動に使う敬語）（p.99 敬語）

10 たびに（=行くといつも）（p.56）

11 4→1→3→2

この本に書いてあるとおりに作ったのに、しっぱいしてしまった。(p.58)

I made it according to the instructions in this book, but it was a failure. / 虽然完全照着这本书里写的做了，但却失败了。 / 이 책에 적혀있는 대로 만들었는데 실패하고 말았다.

12 4→1→2→3

この子の病気がそんなにひどくありませんように。(p.23)

I hope this child’s illness is not so serious. / 希望这孩子的病别那么严重。 / 이 아이의 병이 그렇게 심각한 것이 아니기를 바란다.

13 4→1→3→2

うその電話にだまされたふりをしてくれ、と警察に頼まれた。(p.61)

The police asked me to pretend I’d been fooled by a fraudulent phone call. / 警察让我假装被骗子的电话骗了。 / 보이스 피싱에 속은 척해달라는 경찰의 부탁을 받았다.

14 3→4→1→2

さっきここにおいたはずのかばんが、どこにも

ない。(p.54)

I can't find the bag I left here a while ago. / 明明刚才放在这里的包，却哪里都找不到。 / 아까 여기에 놔둔 가방이 아무 데도 없다.

**15** 4→2→3→1

はやく上手(じょうず)になるように、習(なら)ったことばをつかうようにしています。(p.20)

I try to use the words I've learned, so that I can improve quickly. / 为了早日进步，我尽量使用刚学的单词。 / 빨리 실력을 키우기 위해서 배운 언어를 써먹으려고 하고 있습니다.

**16** 大人(おとな)になってから知(し)った

**17** 疑問(ぎもん)に思(おも)う気持(きも)ち

**18** わけはなく（=そんなはずはなく）(p.110)

**19** というN (p.38)

**20** あれば（=あったら）

「あると」は「あると すぐ／いつも」という文(ぶん)になる

94909-B-230110